OPENING-UP AND ENVIRONMENTAL SUSTAINABILITY IN CHINA

对外开放与中国环境可持续发展

卜茂亮　张三峰　/等著

中国财经出版传媒集团
经济科学出版社
Economic Science Press

全球价值链上的开放与中国环境

（代序）

改革开放以来，随着经济的快速增长，中国的环境污染问题也日益突出，引起了世界广泛的关注。目前，无论是空气污染、水污染等常用污染物指标，或者是雾霾天数、疾病发病率等，均反映出中国环境质量形势严峻。

党的十八大以来，以习近平同志为核心的党中央高度关注我国的生态环境治理问题，发表了一系列重要讲话，颁布了一系列政策。2018 年 4 月，习近平总书记就长江经济带高质量发展，明确提出了需要正确把握的五个关系。这些要求具体落实、落地，必须通过实施具体的绿色产业政策来实现。各地区要想建成新时代中国经济高质量发展的样板区域，成为实现“绿水青山就是金山银山”的试验区，成为构建现代化经济体系的典型区域，不仅要求有关的生态环保产业政策先行，而且需要对既有布局的重化工业进行调整和改造；除了需要更新改造现有传统的落后产能，还需要大力发展环境友好型的高科技产业、战略性新兴产业和现代服务业；这也决定了绿色产业政策在各地经济高质量发展中的主导性地位和作用。只有用最严厉的环保标准控制企业进入，同时使高排放产业彻底退出、环境友好型的产业逐步占据主导性地位，大保护的生态经济战略目标才能真正实现。其中最重要的问题是：如何用新型工业化的理念、思路和方法，对沿江沿海地区的能源重化工业进行包括空间布局在内的结构调整。

我认为，当前我国的环境保护工作受到四个因素的强烈约束，未来环保的态势不容盲目乐观。

一是转轨时期增长主义导向的经济体制和地方政府职能。对地方政府来说，重点发展那些投资大、产值大、利税高、发展带动效应强的能源重化工业，尤其是那些前向关联度高的石化产业，既能完成地方政府稳增长、增税收的目标和相应的政治利益，也有利于形成大企业集聚和产业集群发展的基本态势。

二是基于成本考虑的产业布局倾向。能源重化工业对运输成本的变化极其敏感。由于在其成本结构中，运输成本占据了很高的比重，所以运量大、运输成本低的水运方式，最有利于重化工业的发展。我国沿江和沿海地区的城市连绵，人口云集，具有天然的产业布局上的优势，所以，能源重化工业企业选择沿水域进行配置是必然的趋势。

三是生态补偿机制并不完善的现实。水资源交易补偿、基于单位GDP的能源消耗和排放的交易补偿机制，都是买断生态资源丰富的地区不开发、维系绿水青山的必要代价。在现阶段，仅仅依靠少量的财政转移支付，难以抑制地方政府主动开发重化工业大项目的冲动。

四是中央与地方的财税分权体制模式。现阶段中国地方政府收入的主要来源有：仅占1/4的产业活动的增值税；土地使用权出让金。这种激励机制结构决定了地方政府除了土地出让金外，还有可能会大力上马扶持那些影响环境保护的重化工业大项目。如果今后地方政府可以从辖区内居民财产的保有、继承中征税，可以自主发行地方政府债券，那么发展重化工大项目的动机必然弱化，而把营造区域内安全、生态、宜居的城市环境作为重要任务，以吸引广大市民前来居住，并增大财产的税基。

近年来，中国沿江沿海地区先后上马了很多巨型临港石化工业项目，还有许多产能严重过剩的传统产业项目，这些项目很多是地方政府与迅猛扩张的中央国有企业之间的利益合作。在这样的体制机制和现实发展下，经济要实现高质量发展、要转型为环境保护下的发展并不容易。

卜茂亮博士很早就认识到了中国发展中的上述问题，他在攻读博士学位期间，就选择了研究改革开放与环境污染之间的关系问题，并取得了丰硕的成果，很多相关论文发表在国际高水平学术刊物上。他的关于怎样推动中国经济与环境的可持续发展的论著，得到了国内外许多学者的关注。目前国际上该领域的研究大体可以分为两条路线。第一条研究路线从中国经济，特别是政治经济体制出发，研究环境治理。这方面文献的理论贡献是把环境治理与中国情景相结合。例如，探讨中央政府—地方政府关系与环境治理，晋升锦标赛与环境保护，跨界污染等。上述路线的研究取得了丰富的成果，然而其也存在一个局限性，即忽视了中国融入全球化所受到的巨大影响。因而，与第一条研究路线所采取的相对封闭的视角不同，第二条研究路线关注开放经济中的环境治理问题，把环境污染与中国加入全球价值链，成为世界制造工厂相结合，考察外商直接投资、贸易等因素对于中国环境的影响。该领域的研究在汲取了国际上有关污染避难所（pollution haven）等理论基础上，结合中国情景，把全球化对中国环境质量改善利弊的讨论带到了一个新高度。

卜茂亮和张三峰两位青年学者这些年沿着上述第二条路线勇于探索，砥砺前行。本书就是他们多年不断探索，辛勤科研的成果积累和结晶。本书从微观到宏观四个视角切入：第一，企业视角；第二，对外贸易与环境；第三，外商直接投资与环境；第四，对外开放与能源及气候变化。对于开放因素，同时考虑贸易和外商直接投资；对于环境可持续发展，不仅仅考察一般的环境污染议题，还拓展到能源及气候变化领域。

作者的研究表明，经济开放对于环境发展是把双刃剑。一方面，外资可能带来污染密集型生产制造业的转移，而相对宽松的环境政策则刺激出口激增，导致消费在国外，而污染留在国内的不利结果；另一方面，经济开放对于环境发展也具有重要的推动作用。外资很可能带来环境技术与管理的外溢，而中国企业因为要出口则可能面临更多的环保约束，例如，加入 ISO4001 等自愿性环境标准。

本书的研究成果具有重要的理论和实践价值。在理论方面，将极大地推动国际经济学与环境经济学的学科交叉；在实践方面，则为我国绿色发展的产业政策制定提供了重要的参考。因此，我乐意向大家推荐他们的新成果。

刘志彪

2018 年 5 月于安中楼

目录

Contents

第一章　对外开放对中国企业环境绩效影响的经验研究 ……… 1

一、问题的提出 / 1

二、研究方法 / 4

三、实证结果 / 9

四、进一步的讨论 / 12

五、本章小结 / 14

第二章　全球价值链治理对企业环境绩效的作用 ……………… 16

一、价值链治理异质性对嵌入企业环境绩效的影响 / 16

二、PS 方法介绍 / 19

三、数据来源及实证模型构建 / 21

四、回归分析结果 / 24

五、本章小结 / 27

附录：企业调查问卷 / 28

第三章　供应链与企业社会责任 …………………………………… 31

一、引　言 / 31

二、文献回顾与研究假说 / 32

三、研究设计 / 34

四、实证结果与分析 / 37

五、结论与政策含义 / 41

第四章　贸易、非正式环境规制与中国企业ISO14001认证…… 43

一、问题的提出 / 43

二、相关文献述评与研究假设 / 44

三、研究设计 / 48

四、回归结果与分析 / 51

五、稳健性检验 / 54

六、结论与政策含义 / 56

第五章　环境规制与出口：来自三维面板数据的证据 ………… 58

一、引言 / 58

二、政策背景 / 60

三、计量模型与数据说明 / 62

四、实证结果与分析 / 66

五、结论与启示 / 73

第六章　环境规制与FDI：基于中国企业数据的研究 ………… 75

一、引言 / 75

二、文献综述 / 76

三、数据说明与计量模型 / 79

四、回归结果 / 83

五、结论 / 92

第七章　外商直接投资、企业社会责任和污染避难所假说…… 93

一、引言 / 93

二、文献综述 / 95

三、实证研究方法和相关数据 / 97

四、实证研究结果 / 103
五、结论 / 107

第八章　全球化与能源消耗
——以长三角为例 …………………………………… **108**
一、背景 / 108
二、国际化对长三角地区能源强度的影响 / 114
三、结论 / 117

第九章　外商直接投资、地区吸收能力与能源消费强度 …… **119**
一、引言 / 119
二、文献综述与理论假说 / 121
三、计量模型与数据说明 / 123
四、计量结果与分析 / 126
五、结论与启示 / 130

第十章　二氧化碳排放与中欧贸易 …………………………… **132**
一、引言 / 132
二、文献综述 / 133
三、研究设计 / 134
四、实证结果 / 140
五、结论 / 141

参考文献 ………………………………………………………… **143**

第一章

对外开放对中国企业环境绩效影响的经验研究*

从微观层面来看，造成生态环境变化的主要力量来源是各类大大小小的生产型企业。因而，区域生态环境的优劣很大程度上可以从区域内企业的环境绩效高低得到体现。基于上述考虑，本章的目标定位于考察对外开放对中国企业环境绩效的影响。为达到这个研究目标，本章首次合并工业报表数据库和绿色观察数据库，从而得到一个包含1000多家企业的大样本数据库。通过有序概率模型（ordered probit model）来估计对外开放与企业环境绩效之间的联系。并进一步依据两种不同的对外开放策略——对外出口（“走出去”战略）和吸引外商投资（“引进来”战略）——来划分子样本，通过子样本区别不同开放策略对中国企业环境绩效的具体影响。在数据处理过程中，本章重点关注了数据的准确性、选取恰当指标以及控制变量。

一、问题的提出

总体来说，目前文献中的绝大部分是从宏观层面进行的研究，① 而未能展示对外开放通过怎样的微观过程和何种微观机制来影响环境（P. Stalley,

---

* 本章翻译自以下英文文章：Bu M.，Liu Z.，Gao Y.，“Influence of International Openness on Corporate Environmental Performance in China”，*China & World Economy*，2011，19（2）：77－92.

① 相关研究综述，参见 Copeland，B. R. and M. S. Taylor，“Trade，Growth，and the Environment”，*Journal of Economic Literature*，2004，42（1）：7－71；Jayadevappa，R. and S. Chhatre，“International Trade and Environmental Quality：A Survey”，*Ecological Economics*，2000，32（2）：175－94。

2009）。正如吉尔马等（Girma et al.，2008）指出的那样：在研究进展到目前的阶段，我们应该通过对各个企业的观察，研究对外开放对环境的影响。然而，基于企业层面的研究文献十分有限，得到的结论也相互矛盾。

一方面，一些学者倾向于认为对外开放有助于企业改进环境绩效。例如，克里斯特曼和泰勒（Christmann and Taylor，2011）对中国深圳、上海两个城市里共 118 家企业进行了调查，经过回归分析，克里斯特曼和泰勒得出的结论是：向发达国家出口商品增加了出口国采用 ISO14000 标准的可能性。他们还指出，全球化使各国联为一体，在环境监管不够严格的国家，企业可能因感受到别国带来的压力而加强自我监管。从这个意义上说，全球化对环境改善有促进作用。朱庆华和萨尔基斯（Zhu and Sarkis，2006）对中国汽车行业、发电业和电子/电气业三个行业的企业进行了比较分析，发现全球化推动中国制造业进行绿色供应链管理（green supply chain management，GSCM）。安多诺瓦（Andonova，2003）分析了东欧和中欧的企业层面数据库，证实贸易推动了环境友好技术的诞生，并在欧洲转型时期促进了企业管理水平的提高。阿尔博诺兹等（Albornoz et al.，2009）从阿根廷制造业公司的数据中得出结论，外商投资促使企业实施环境管理条例（EMS）。

另一方面，实证分析结果发现，对外开放对企业的环境绩效不起任何作用，或是起到负面影响。有学者提出，采用某种环境管理（比如 ISO14001）和真正提高环境绩效是两码事。他们使用理论模型以及分析中国的一个实际案例，发现虽然国际贸易促使中国采纳了 ISO14001 标准，但这并不意味着中国企业一定会遵守这些环境法规（Yin and Ma，2009）。史丹利（Stalley，2009）基于中国泰州、常州、南京三座城市 228 家企业的调查数据，得出的结论是，“相比于那些产品仅在国内销售的企业，有大量产品出口的中国企业在遵守环境法规方面做得更为糟糕”。史丹利进一步指出，“只有小部分本土企业能从全球经济一体化中获益，而且这种一体化不是说不会带来消极后果”。还有一些相关领域的研究则认为，外资企业的进驻对于环境绩效几乎没有影响（如 S. Dasgupta et al.，2000；M. Huq and D. Wheeler，1993；S. Pargal and D. Wheeler，1996；David Wheeler and Mainul Huq，1995）。

对比以上两方面的文献，不管是理论还是实证研究，文献之间的结论都具有矛盾性。我们认为原因可能有以下三个：

第一，各国的对外开放战略和体制均有所不同。以研究中欧、东欧各国对外开放与环境的关系为例，安多诺瓦（2003）发现，一些本土因素可能掩盖了对外开放对环境绩效的巨大促进作用。因此，在不同国家，对外开放对环境的影响不同。即使在同一个国家，采取不同的开放战略也可能导致不同的结果。

第二，除了不同国家的开放战略有所差异之外，数据来源的不同、对指标选择的不同，也是导致前文所述研究结果相互矛盾的可能原因。出于控制成本的考虑，以及问卷回收率低的原因，大部分调查研究仅涵盖了100~200个样本，这很容易导致以偏概全。所以，选取更为广泛的样本十分重要。而且，不同研究在衡量企业环境绩效时选取了不同的指标。但事实上，并非所有指标都能很好地反映一个企业的环境绩效。例如，就像部分学者指出的那样，通过ISO14001认证和采用环境管理体系，并不能真正反映一个企业的整体环境绩效（Yin and Ma，2009）。因此，我们需要一个具有可比性并且能反映企业整体环境绩效的指标。此外，现有文献的数据来源大多是依据企业自己的报告，这些企业可能期望打造一个环保的企业形象，但却隐藏了其真实的意图和行为。

第三，许多内部和外部因素会影响企业的环境绩效（X. B. Liu and V. Anbumozhi，2009；D. Tyteca，1996；B. Zhang et al.，2008）。如果在研究过程中，不能很好地控制这些可变因素，那么研究结果就不能令人信服。外部因素包括：企业提高环境绩效的主要动力来自政府和公众的压力。内部因素包括：企业本身的一些特点（如企业规模、企业年龄、所处行业和其他一些因素），这些因素通常都与企业的环境绩效密切相关。举例来说，按照格雷等人（Gray et al.，2001）的说法，大公司可能更加注意公司对环境的影响。亨利克斯和桑达斯基（Henriques and Sadorsky，1996）认为，自然资源行业的企业更有可能制定环境计划，而服务业企业制定环境计划的可能性相对较低。格雷和戴利（Gray and Deily，1996）发现，在美国的钢铁厂，财务状况与企业的环境绩效没有关系。另一些研究则认为，企业的财务状况会影响其环境绩效（Dietrich Earnhart and Lubomir Lizal，2002；S. Konar and M. A. Cohen，1997）。

基于现有文献的进展和对现有文献不足之处的认识，本章展开了以下经验研究。

二、研究方法

（一）数据来源和样本

本章整合了两个企业集数据库的数据。据我们所知，这种做法尚属首次。第一个数据集是中国国家统计局（CNBS）发布的2005年度企业报表调查数据。在中国企业信息方面，该数据集的收录最为完整（X. W. Tian, 2007）。根据有关法律规定，中国所有企业都必须配合国家统计局的工作，并向其提供公司的基本信息和财务信息（S. J. Chang and D. Xu, 2008）。国家统计局将企业信息汇总，并发表在官方认可的中国统计年鉴上。国家统计局的数据大体上是可靠的，也能保持数据内在的一致性（Gregory C. Chow, 1993）。

第二个数据集来自江苏绿色观察评估体系（Green Watch Program），这为我们衡量公司环境绩效提供了信息。在发展中国家中，印度尼西亚率先实施了PROPER项目，向公众公布企业的环境绩效。随后，1998年，当时的国家环境保护总局（SEPA）借鉴了这一做法，实施了环境观察项目，开始对企业的环境绩效进行排名，并将结果公之于众（H. Wang et al., 2004）。在环境观察评估体系中，13项条目来自4个主要官方数据：（1）企业污染排放报告；（2）检查情况报告；（3）公众投诉记录、整治情况和相应处罚；（4）与环境绩效相关的企业特点调查（Beibei Liu et al., 2009）。环境观察评估体系官方的做法是将评分结果用5种不同的颜色表示：绿、蓝、黄、红、黑，它们依次代表：很好、好、一般、差、很差。这种做法使得企业之间的环境绩效具有可比性（见图1-1）。虽然2005年国家环境保护总局下令，全国各地都必须贯彻落实这一项目，但是仅有江苏省在所有城市都实施了环境观察计划。因此，我们在研究中选取了江苏省作为研究对象。

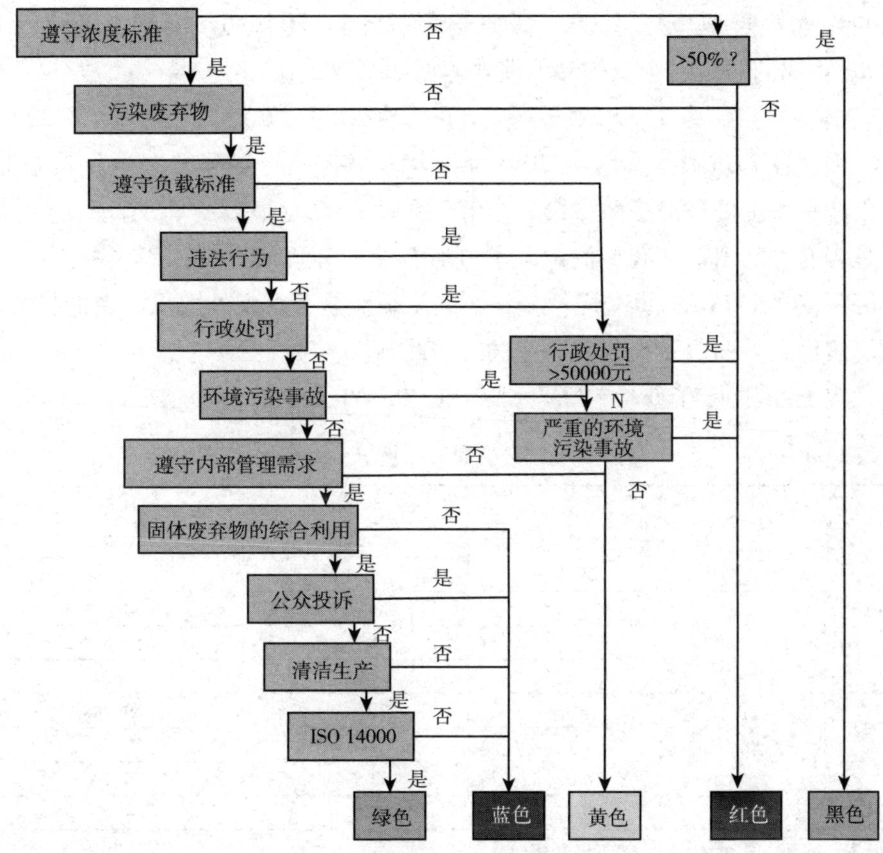

图1-1　绿色观察评估体系标准

资料来源：Wang，H.，J. Bia，D. Wheeler，J. N. Wang，D. Cao，G. F. Lu and Y. Wang，"Environmental Performance Rating and Disclosure：China's Greenwatch Program"，*Journal of Environmental Management*，2004，71（2）：123-133.

我们通过企业名称合并了上述两个数据库。① 为了防止可能出现的错误匹配，我们利用企业的注册地进一步标识，最终得到的研究样本由1554家企业组成。

（二）实证模型

首先，借鉴文献中关注的影响企业环境绩效的因素，建立本章的实证模

① 在江苏范围内，企业报表数据库共有20多万家企业信息，而绿色观察体系数据库共有4000多家企业信息。两个二手数据库的合并采用JAVA软件编程的方式辅助完成。

型（M. A. Cole et al.，2006，2005；S. Dasgupta，H. Hettige and D. Wheeler，2000）。我们假定，企业的环境绩效遵循如下等式：

$$Pr(PER_i) = f(EXP_i, FORINV_i, X_i) \qquad (1.1)$$

因变量 *PER* 代表企业在 2005 年环境观察项目中的得分，也就是企业在受调查年度的环境绩效。第一个解释变量 *EXP* 是虚拟变量，表示一个企业是否有产品出口。我们假定，出口对企业的环境绩效有积极影响。第二个解释变量 *FORINV* 也是虚拟变量，表示企业是否得到外国投资者的投资。我们假设，外商投资会改善企业的环境绩效。

表 1 -1 展示了变量 *PER*、*EXP* 和 *FORINV* 的数据分布情况。

表 1 -1　　　　部分变量分布情况

变量	取值	频次	百分比
PER	-2	14	0.9
	-1	120	7.72
	0	474	30.5
	1	833	53.6
	2	113	7.27
EXP	0	1076	69.24
	1	478	30.76
FORINV	0	1167	75.1
	1	387	24.9

资料来源：作者根据数据整理。

模型其他控制变量：

• 企业所处地理位置（*region*）

由于地方政府执行力会影响企业的环境绩效，所以我们把企业的地理位置作为需要控制的一个虚拟变量（1 代表企业位于经济相对发达的苏南地区；0 代表企业位于经济相对落后的苏北地区）。我们假定，经济发达地区的政府更有能力执行国家有关政策。

• 公司所在地的人口密度（*density*）

我们假定，来自居民的压力有助于企业提高其环境绩效。按照文献中提供的方法（J. H. Garcia et al.，2009），我们用居民向企业施加的压力代表人口密度；以公司所在的城市为界，衡量人口密度。

• 企业规模（*sizedummy*1 和 *sizedummy*2）

由于企业规模可能影响其环境绩效，所以我们按照国家统计局的分类标准，将企业分为小企业、中型企业和大企业。这里使用了两个虚拟变量，如果是大企业，那么 *sizedummy*1 的值为 1；如果是中型企业，那么 *sizedummy*2 的值为 1。而小企业则作为基准值。[①]

- 企业年龄（*age*）

企业年龄，即从企业成立到 2005 年底所经历的时间长度。从机器设备等的投入来看，新企业比老企业更可能采用清洁生产的机器设备。因此，企业年龄控制变量的期望符号为负。

- 企业所属行业（*sector*）

我们的研究和之前的一些研究均显示，企业所处行业对环境观察评估结果有很大影响。在我们的研究中，我们将行业划分为“食品加工业”“纺织染料业”“化工行业”“造纸业”“金属行业”和“非金属行业”。除此之外的“其他”所有行业作为基准，包括其他行业内的所有企业。此外，ε_i 代表误差项。

关于变量取值的详细说明和变量间相关的系数矩阵分别如表 1 – 2 和表 1 – 3 所示。

表 1 – 2　　变量取值说明

变量名称	取值说明
PER	规则：−2 = 黑色；−1 = 红色；0 = 黄色；1 = 蓝色；2 = 绿色
解释变量	
EXP	如果该企业出口产品到其他国家，$EXP_i = 1$；否则，$EXP_i = 0$
FORINV	如果该企业是外商投资企业，$FORINV_i = 1$；否则，$FORINV_i = 0$
控制变量	
region	如果该企业位于苏南，*region* = 1；否则，*region* = 0
density	企业所在地人口密度（单位：千人/平方公里）
age	到 2005 年末，企业成立的年限
*sizedummy*1	如果企业属于大型企业，*sizedummy*1 = 1；否则，*sizedummy*1 = 0
*sizedummy*2	如果企业属于中型企业，*sizedummy*2 = 1；否则，*sizedummy*2 = 0
*indusdummy*1	如果该企业属于食品加工和制造业，*indusdummy*1 = 1；否则，*indusdummy*1 = 0
*indusdummy*2	如果该企业属于纺织和印染行业，*indusdummy*2 = 1；否则，*indusdummy*2 = 0
*indusdummy*3	如果该企业属于造纸业，*indusdummy*3 = 1；否则，*indusdummy*3 = 0
*indusdummy*4	如果该企业属于化工行业，*indusdummy*4 = 1；否则，*indusdummy*4 = 0
*indusdummy*5	如果该企业属于金属和非金属制造业，*indusdummy*5 = 1；否则，*indusdummy*5 = 0

① 在原始数据库中，大、中、小企业分别以 1、2、3 作为代码，我们以此作为虚拟变量取值的标准。详细取值见表 1 – 2 的说明。

表 1 – 3　　变量相关系数矩阵

变量	*PER*	*FORINV*	*EXP*	*sizedummy1*	*sizedummy2*	*age*	*density*	*region*	*indusdummy1*	*indusdummy2*	*indusdummy3*	*indusdummy4*	*indusdummy5*
PER	1												
FORINV	0.1447	1											
EXP	0.0899	0.3739	1										
sizedummy1	0.0509	0.1031	0.1801	1									
sizedummy2	0.0777	0.1956	0.2976	–0.0761	1								
age	–0.0065	–0.1373	0.1495	0.0579	0.1807	1							
density	0.02	0.2372	0.1223	–0.0001	0.0507	0.002	1						
region	0.0323	0.0456	0.0263	0.054	–0.0134	–0.0193	0.0224	1					
indusdummy1	–0.0142	–0.019	–0.0796	–0.018	–0.0308	0.0093	–0.0804	0.0114	1				
indusdummy2	–0.0278	–0.0276	0.0637	0.0288	0.0439	–0.0324	–0.0943	–0.087	–0.1263	1			
indusdummy3	–0.0416	0.0153	–0.0405	–0.0253	0.0252	–0.0171	–0.0011	–0.0153	–0.0476	–0.0864	1		
indusdummy4	–0.0351	–0.0787	–0.0234	–0.049	–0.1018	–0.0473	0.0027	0.0781	–0.1694	–0.3077	–0.1159	1	
indusdummy5	–0.0538	–0.0021	–0.0835	0.004	–0.0643	–0.015	0.1151	0.015	–0.1135	–0.2062	–0.0777	–0.2766	1

三、实证结果

我们使用有序概率模型来衡量各个相互独立的变量对企业环境绩效的综合影响。采用有序概率模型来衡量的原因是，企业的环境绩效，即研究中的因变量，满足如下两个条件：第一，五个值依次代表从最好到最差；第二，任意两个有序分类间的差异不等距（William H. Green，2002）。

（一）回归分析结果

我们建立了一系列有序概率模型来研究出口和投资对企业环境绩效的影响（见表1-4）。前四个模型使用了全部的样本数据。首先，模型1只包括了控制变量。虽然其中的一些控制变量未达到显著性水平，不过所有的控制变量对企业环境绩效的影响均与理论上的预期相符。接下来，我们在模型1中加上我们最为关心的两个解释变量——出口（*EXP*）和外商投资（*FORINV*）。由于这两个变量之间可能的共线性，[①] 我们先分别加上其中一个变量，然后才将两个变量一起加上。这样，我们得到了模型2、模型3和模型4。模型2和模型3显示，若仅单独考虑出口或是外商投资，两者都对促进企业环境绩效有显著作用。但是，模型4显示，若将出口和外商投资合在一起考虑，外商投资对改善企业环境绩效作用明显。而出口虽然也能促进企业环境绩效改善，但作用不明显。

表1-4　　有序概率模型估计结果

变量	模型1	模型2	模型3	模型4	模型5	模型6	模型7	模型8
FORINV			0.362*** (0.0708)	0.344*** (0.0750)				0.364*** (0.103)
EXP		0.158** (0.0662)		0.0507 (0.0703)		0.0576 (0.0878)		

① 这两个变量之间的相关系数为0.3739。所有变量之间的相关系数见表1-3。

续表

变量	模型 1	模型 2	模型 3	模型 4	模型 5	模型 6	模型 7	模型 8
sizedummy1	0.457** (0.207)	0.356* (0.212)	0.321 (0.209)	0.295 (0.212)	0.386 (0.320)	0.348 (0.325)	1.537** (0.684)	1.361** (0.678)
sizedummy2	0.246*** (0.0691)	0.198*** (0.0720)	0.169** (0.0708)	0.157** (0.0726)	0.175** (0.0885)	0.163* (0.0903)	0.256*** (0.0987)	0.221** (0.0994)
age	−0.00340 (0.00240)	−0.00392 (0.00241)	−0.000931 (0.00245)	−0.00122 (0.00249)	−0.000808 (0.00264)	−0.00116 (0.00269)	−0.00501 (0.00313)	−0.00382 (0.00315)
density	0.117 (0.180)	0.0649 (0.181)	−0.104 (0.185)	−0.110 (0.185)	−0.157 (0.203)	−0.166 (0.204)	−0.0351 (0.207)	−0.192 (0.212)
region	0.0774 (0.0575)	0.0742 (0.0576)	0.0669 (0.0577)	0.0664 (0.0577)	0.0237 (0.0670)	0.0230 (0.0670)	0.113 (0.0695)	0.0991 (0.0697)
indusdummy1	−0.279** (0.123)	−0.258** (0.123)	−0.263** (0.123)	−0.257** (0.123)	−0.386*** (0.143)	−0.383*** (0.143)	−0.373*** (0.140)	−0.379*** (0.140)
indusdummy2	−0.305*** (0.0849)	−0.310*** (0.0850)	−0.277*** (0.0853)	−0.280*** (0.0853)	−0.355*** (0.102)	−0.358*** (0.102)	−0.377*** (0.109)	−0.348*** (0.109)
indusdummy3	−0.469*** (0.164)	−0.448*** (0.164)	−0.457*** (0.164)	−0.450*** (0.164)	−0.731*** (0.196)	−0.720*** (0.197)	−0.593*** (0.188)	−0.568*** (0.189)
indusdummy4	−0.276*** (0.0760)	−0.273*** (0.0761)	−0.238*** (0.0765)	−0.239*** (0.0765)	−0.361*** (0.0907)	−0.361*** (0.0907)	−0.345*** (0.0944)	−0.312*** (0.0950)
indusdummy5	−0.379*** (0.0900)	−0.361*** (0.0903)	−0.352*** (0.0903)	−0.347*** (0.0905)	−0.423*** (0.108)	−0.416*** (0.109)	−0.440*** (0.107)	−0.412*** (0.108)
observations	1554	1554	1554	1554	1167	1167	1076	1076

注：括号内为标准差；*、** 和 *** 分别表示 10%、5% 和 1% 的显著水平。

为了确认外商投资是否掩盖了出口对环境的影响，我们建立了两组子样本，它们由如下企业构成：（1）没有外商投资的企业（模型 5、模型 6），[①]（2）不对外出口的企业（模型 7、模型 8），[②] 以证实我们关注的这两个变量是否受这两个子样本的影响。换言之，如果出口的确影响企业的环境绩效，那么它同样会影响那些没有外商投资的企业。反之亦然。[③] 子样本结

① 模型 5 仅含控制变量，模型 6 加上了“出口”。子样本涵盖了 1167 家企业，占总样本的 75.1%。

② 模型 7 仅含控制变量，模型 8 加上了“外商投资”。子样本涵盖了 1076 家企业，占总样本的 69.2%。

③ 如果吸引外商投资的确影响企业环境绩效，那它也影响那些没有出口的企业。

果如下：在没有外商投资的企业子样本中，对外出口和不对外出口的企业环境绩效差别不大（基于模型5、模型6）；而在没有对外出口的企业子样本中，有外商投资的企业环境绩效明显高于没有外商投资的企业（基于模型7、模型8）。这与模型4的结论是一致的。

（二）边际效应

由于采用了有序概率模型，回归方程的系数难以直接解释（William H. Green，2002）。因此，我们在上述模型的基础上计算了边际效用，详细的结果见表1-5。表1-5第1列为模型的各个变量，第2列为同时考虑FORINV变量和EXP变量的估计系数，第3~7列分别为因变量取值为-2、-1、0、1和2时的边际效用。在表1-5中，我们重点关注对外开放因素：对于FORINV变量，随着调查企业的环境绩效逐渐变好，外商投资对企业环境绩效影响的概率从负向的0.66%逐渐增加为正向的4.98%。这些边际效用都具有统计上的显著性。由于FORINV变量属于离散变量，边际效用在这里表示的是该变量取值从0到1的变化，即从没有外商投资到有外商投资。对于EXP变量，随着调查企业的环境绩效逐渐变好，出口对企业环境绩效影响的概率从负向的0.115%逐渐增加为正向的0.654%。然而这些边际效用都不具有统计上的显著性。

表1-5　　边际效应

变量	系数估计	$\frac{\partial P(y=-2)}{\partial x}$	$\frac{\partial P(y=-1)}{\partial x}$	$\frac{\partial P(y=0)}{\partial x}$	$\frac{\partial P(y=1)}{\partial x}$	$\frac{\partial P(y=2)}{\partial x}$
FORINV	0.344*** (0.0750)	-0.00660*** (0.00198)	-0.0394*** (0.00811)	-0.0810*** (0.0180)	0.0772*** (0.0151)	0.0498*** (0.0125)
EXP	0.0507 (0.0703)	-0.00115 (0.00158)	-0.00639 (0.00875)	-0.0118 (0.0164)	0.0128 (0.0175)	0.00654 (0.00920)
sizedummy1	0.295 (0.212)	-0.00491* (0.00268)	-0.0314* (0.0184)	-0.0705 (0.0510)	0.0606* (0.0321)	0.0461 (0.0399)
sizedummy2	0.157** (0.0726)	-0.00329** (0.00159)	-0.0190** (0.00842)	-0.0369** (0.0173)	0.0379** (0.0166)	0.0213** (0.0105)
age	-0.00122 (0.00249)	2.83e-05 (5.78e-05)	0.000156 (0.000317)	0.000283 (0.000576)	-0.000312 (0.000635)	-0.000155 (0.000316)

续表

变量	系数估计	$\frac{\partial P(y=-2)}{\partial x}$	$\frac{\partial P(y=-1)}{\partial x}$	$\frac{\partial P(y=0)}{\partial x}$	$\frac{\partial P(y=1)}{\partial x}$	$\frac{\partial P(y=2)}{\partial x}$
density	-0.110 (0.185)	0.00253 (0.00432)	0.0140 (0.0236)	0.0254 (0.0428)	-0.0279 (0.0472)	-0.0139 (0.0235)
region	0.0664 (0.0577)	-0.00156 (0.00143)	-0.00854 (0.00751)	-0.0153 (0.0133)	0.0171 (0.0150)	0.00834 (0.00718)
*indusdummy*1	-0.257 ** (0.123)	0.00779 (0.00505)	0.0372 * (0.0201)	0.0555 ** (0.0244)	-0.0730 * (0.0381)	-0.0275 ** (0.0111)
*indusdummy*2	-0.280 *** (0.0853)	0.00806 ** (0.00348)	0.0395 *** (0.0134)	0.0614 *** (0.0177)	-0.0778 *** (0.0256)	-0.0312 *** (0.00852)
*indusdummy*3	-0.450 *** (0.164)	0.0174 * (0.0102)	0.0720 ** (0.0315)	0.0883 *** (0.0246)	-0.136 ** (0.0549)	-0.0413 *** (0.0106)
*indusdummy*4	-0.239 *** (0.0765)	0.00627 ** (0.00265)	0.0323 *** (0.0111)	0.0537 *** (0.0168)	-0.0640 *** (0.0216)	-0.0282 *** (0.00859)
*indusdummy*5	-0.347 *** (0.0905)	0.0108 ** (0.00435)	0.0507 *** (0.0152)	0.0743 *** (0.0177)	-0.0989 *** (0.0282)	-0.0369 *** (0.00828)
observations	1554	1554	1554	1554	1554	1554

注：括号内为标准差；*、** 和 *** 分别表示 10%、5% 和 1% 的显著水平。

四、进一步的讨论

上述一系列模型已经充分表明出口和外商直接投资对企业环境绩效的影响。因而，对外开放对企业环境绩效起到积极作用。进一步地，考虑到出口和外商投资——中国政府采取的两大主要战略的作用不同，研究结果就显得十分有趣。一直以来，不少文献强调出口对于提高企业环境绩效的推动作用，而事实上，在控制了外商投资因素后，它却并没有显著的影响。另外，无论是否控制出口因素，外商投资显著地改善企业的环境绩效。据我们所知到目前，还没有相关文献探讨这两大主要战略的差异。因此，本节将对上述实证结果展开进一步的讨论。

根据第二章的机理解析，对外开放通过两种机制提高发展中国家企业的环境绩效。第一，压力效应。外国消费者可能在环境标准方面向出口企业施加压力。因为出口商造成的环境破坏，哪怕破坏仅仅影响到出口国自身，也可能触犯进口国的法律。班塞尔和罗斯（Bansal and Roth，2000）指出，迫于国际准则的压力，即使没有政府制裁，企业也会遵守这些国际准则。之前的文献从不同角度突出了这种压力的作用。克里斯特曼和泰勒（Christmann and Taylor，2001）提出，这种压力迫使发展中国家的企业进行自我约束（self－regulation）。这种自我约束使企业在提高环境绩效方面做得比政府要求的更好。还有一些研究将这种压力的效果称为“向上贸易”[①]（trading－up）（R. Falkner，2006；David Vogel，1995；A. R. Young，2003）。向上贸易是指，来自环境标准较低国家的出口商，为进入环境高标准国家的市场，不得不达到贸易伙伴国更加苛刻的环境标准。安多诺瓦（Andonova，2003）指出，在国际市场竞争中，企业会面临“声誉压力”，而应对的重要策略就是打造一个关心环保事业的企业形象。这种机制的关键在于：（1）通过价值链，消费者将环境压力传给另一国的出口商；（2）这种压力可以被出口商内化为提高企业环境绩效的行动。

第二，技术效应。即发达国家对发展中国家的环境溢出（environmental spillover），也称为环境技术扩散（technology diffusion）（F. Albornoz，M. A. Cole，R. J. R. Elliott and M. G. Ercolani，2009）。提高企业环境绩效需要更清洁的生产技术、更先进的环境管理体系和组织技术，而这些通常是发展中国家所缺乏的（Liliana B. Andonova，2003）。先进的技术和知识可以从发达国家向发展中国家传播（P. Stalley，2009）。对外开放的企业可以更好地享有环境溢出效应，因为这些企业更有机会与掌握了这些先进技术和知识的外国投资商交流。这种机制的关键是，来自外商的环境溢出效应，可以提高国内企业的环境绩效。

本章的实证结果表明，以外商投资为载体的压力效应和技术效应在中国是确实存在的。通过价值链的传递，中国企业一方面承担更多的环境保护压力，有更多的动力去提高自身的环境绩效；另一方面获得了来自国外的环境技术和管理经验的转移。基于这两种效应，与没有外商投资的企业

---

① 关于“向上贸易”（trading up）一个典型的例子是“加利福尼亚效应”（California effect）：由于加州的环境标准相对较高，其他国家或地区在向加州出口的过程中，自身环境表现得到改善。与之类似的“向上贸易”的例子还有近些年来逐步热门的“日本效应”（Japan effect）。

相比，具有外商投资的企业具有更高的环境绩效。

以出口为载体的压力效应和技术效应在本章的实证中没有得到显著性体现，对此一个可能的解释是：出口的去向地很可能决定着上述效应的大小。由于数据的限制，我们无法就此展开进一步的验证。不过，基于对外开放两种策略效果的对比，可以得到的另一个结论是：在对外开放推动和改善中国企业的环境绩效方面，吸引外资战略发挥的作用优于出口战略。

五、本章小结

本章研究定位于微观层面，以经验研究来验证对外开放对中国企业环境绩效的影响。为达到这一目标，本章通过数据库合并得到了一个二手的大样本数据库，采用有序概率模型来估计对外开放与企业环境绩效之间的联系。在因变量的选择方面，为了尽可能克服文献中普遍存在的企业环境绩效指标偏差问题，本章选择的指标来自绿色观察评估体系数据库中的企业环境绩效公开信息（详细的介绍见本章的研究方法部分）。在自变量方面，本章选择的指标全部来自工业报表数据库，这是中国目前企业层面最为完备和数量最大的数据库。上述数据库的合并在所知的范围尚属首次，合并达到的大样本数据对于本章的实证结果起到了强有力的支持，实证结果具有比较高的可信度。

通过使用上述数据，一系列的实证研究清楚地表明，对外开放可以提高中国企业的环境绩效。此外，利用子样本回归，本章还比较了两种对外开放策略——出口与引进外资在推动中国企业环境绩效方面的差异。本章发现，引进外资策略的效果优于出口策略。本章的研究为企业管理层和中国的政策制定者们提供了重要的决策参考。对企业管理层来说，本研究证明了引进外商投资在提高企业环境绩效方面的重要作用；对政策制定者来说，本研究的启示是，鼓励引进外商投资将很可能提高本土企业的环境绩效，从而有助于改善区域生态环境。

然而，本章的研究也存在一些缺陷。首先，出口作用不明显的结论是从整体意义上来考察的，并不能代表一些特定出口去向国家的影响。采用更为细致的分类出口数据，可以进一步验证我们的结论。其次，本章采用了企业截面数据，如果采用时序数据分析中国企业环境绩效的动态变化，也将取得丰硕的成果。最后，本章仅仅考察了是否对外开放对其环境绩效产生的影响，尚未对对外开放因素进行深入挖掘，例如对外开放是否具有异质性。上述问题有待进一步的研究。

第二章

全球价值链治理对企业环境绩效的作用

第一章主要回答的问题是：从没有对外开放到有对外开放，企业的环境绩效是否提高？本章在此基础上，将回答的问题是：企业的对外开放本身是否具有异质性？这种异质性会不会给企业的环境绩效带来重要影响？为了达到这个目标，我们在苏州工业园区发放和收集企业调查问卷，获得一手企业调查数据。采用彼得罗卡洛（C. Pietrobelli）和萨里奥拉（F. Saliola）开创的全球价值链治理测量方法来度量上述异质性，并运用有序概率模型以及自助（抽样）（bootstrap）方法来做经验研究和相关分析。

一、价值链治理异质性对嵌入企业环境绩效的影响

自20世纪70年代以来，全球生产组织形式发生了革命性的变化，越来越多的贸易和投资通过全球价值链来组织。在这样的背景下，对外开放实际上意味着发展中国家企业嵌入了由发达国家企业控制的全球价值链生产分工体系中。格兰诺维特（Granovetter，1985）关于嵌入性的研究表明，企业所嵌入的网络给企业带来的影响是不容忽视的。马克·斯塔曼斯和鲍里斯·布劳恩（Mark Starmanns and Boris Braun，2006）则进一步指出，“嵌入价值链的企业不能自由决定它们如何进行生产”。从污染产生的原因来看，不同的生产方式带来的污染排放往往不同，如何生产一定程度上决定了企业的污染高低。因此，有必要从嵌入价值链的差异性上来考察对外开放对于企业环境绩效的异质性影响。本节对此展开逻辑探讨，提出研究假说。

根据全球价值链理论的研究，价值链的不同形式主要体现为价值链治理的差别。治理是全球价值链的核心问题。所谓治理，指的是通过全球价值链中不同价值环节行为主体间的关系安排和制度机制实现价值链内不同价值环节经济主体间经济活动的非市场化协调。因而，治理的本质在于一部分企业在价值链上的活动对于价值链上其他企业的行为产生了影响。卡普林斯基（Kaplinsky，2006）的研究表明，价值链的治理是集立法治理、司法治理和执法治理三权于一体的机制。表2－1列举了价值链内外部治理对比的案例，由此可以看出，价值链上主导型企业利用这一整套机制对其他企业产生巨大的影响，因而，必须给予价值链治理高度的关注。

表2－1　　　　全球价值链治理立法、司法和执法案例

类型	由链内主体实施	由链外主体实施
立法治理（legislative governance）	在交货的准时性、频率和质量方面为供应商设定标准	环境标准；童工标准
司法治理（judicial governance）	监测供应商的表现是否符合自己设定的标准	非政府组织（NGOs）监测是否符合劳工标准；专业化的公司监测是否符合ISO标准
执法治理（executive governance）	通过供应链管理、生产者网络以及特别代表来帮助供应商达到标准	通过专业化的服务提供商，政府产业政策支持以及生产商协会来帮助达到标准

资料来源：卡普林斯基和莫里斯（Kaplinsky and Morris，2006）；文字翻译时部分参考了张少军、刘志彪（2009）。

关于价值链的治理，目前最为广泛使用的分析框架是格里芬等（Gereffi et al.，2005）在交易成本经济学、生产网络理论、技术能力与企业学习理论基础上提出的全球价值链治理模式。他们首先归纳出五种典型的全球价值链治理模式，按照价值链上企业之间协调和力量不对称程度从低到高依次排序为：市场型（market）、模块型（modular value chain）、关系型（relational value chain）、领导型（captive value chain）和等级制（hierarchy）。然后，根据三种因素的组合来解释上述分类，这三种因素分别为：（1）为保障交易而需要的关于产品和生产流程的信息和知识传递的复杂程度；（2）多大程度上这些信息和知识可以被编码，以方便有效率地传递同时避免有关交易的专属投资；（3）针对交易需求的实际和潜在的供应商的自身能力。上述每种因素都有或高或低两种情况，因而理论上共有八种组合。然而，其中三种组合不符合实际，[①] 故剔除这三种后得到五种价值链治理类型。具体如表 2－2 所示。

表 2－2　全球价值链治理类型

治理类型	交易的复杂性	交易的可编码程度	供应商能力	协调的显现程度与能力不对称性
市场型	低	高	高	低
模块型	高	高	高	↑
关系型	高	低	高	↕
领导型	高	高	低	↓
层级型	高	低	低	高

根据上述分类，结合本章前文中对于影响企业环境绩效的压力效应和技术效应的分析，设想价值链治理与嵌入企业的环境绩效可能具有某种联系。设想的依据如下。

第一，价值链交易的复杂性越高，给企业带来的环境保护压力可能越大。由于交易的复杂性意味着对产品技术水平的要求越高和对产品质量的控制越严格，这往往要求更完善的环境管理体系，以确保其技术水平和产品质量。例如，汽车制造由多个部分组成，既包括锻压钢材，也包括整合电子仪器设备。与锻压钢材相比，整合电子仪器设备在交易方面的复杂程度更高。赫特森（Hutson，2006）关于汽车制造供应链的研究表明，由于交易的复杂性，整合电子仪器设备的供应商通常比锻压钢材的企业具有更好的环境表现。

第二，价值链交易可编码程度越低，环境管理和技术溢出的可能性越大，企业的环境保护压力也越大。如果可编码的程度高，信息方便在价值

① 无论供应商能力如何，产品信息复杂性低同时信息难以编码化的情形不太可能发生。此外，产品信息复杂性低、信息可编码程度高同时供应商能力低的情形也不被考虑，因为这种情形下的企业很可能被价值链所抛弃。这样，总共三种组合被舍弃。引自 Gereffi，G.，J. Humphrey and T. Sturgeon，“The Governance of Global Value Chains”，*Review of International Political Economy*，2005，12（1）：78－104.

链上传递，自然节约了协调工作。然而，如果信息难以编码化，一般企业需要面对价值链治理者更多的监察，双方的相互依赖增强。在这种情况下，为保证产品生产的准确性和及时性，经常性的接洽是必须的。互动可能给制造企业增加了的制度性压力，迫使企业在生产制造中采用更多的环保设施（Hutson，2006）。[①] 此外，经常性的互动创造了更多环境管理和技术溢出的机会。

第三，供应商能力越低，环境管理和技术溢出的可能性越大。如果供应商能力低，价值链的治理者通常需要给予其更高程度的指导，例如委派技术人员来供应商的工厂提供技术支持以及对供应商企业的员工组织培训，甚至还参与到供应商的研发活动中。因此，供应商与价值链治理者之间的紧密程度得到加强，从而带来了额外的环境管理和技术的溢出。

由于全球价值链治理的差异体现为交易的复杂性、可编码程度和供应商能力的差异，全球价值链治理形式的不同即代表着价值链所需要协调程度的差异。[②] 根据以上三方面的分析，不同的价值链治理很可能给链上企业的环境行为造成不同的影响。据此，本章提出如下研究假设：

假设：嵌入不同治理类型的价值链给企业的环境绩效带来异质性的影响。

二、PS 方法介绍

尽管价值链的治理是全球价值链理论的核心概念，目前有关价值链治理的文献主要是基于案例和调查的研究，缺乏采用定量方法的研究（C. Pietrobelli and F. Saliola，2008；F. Saliola and A. Zanfei，2009）。案例和

① 原文为："Increased interactions among firms may increas the institutional pressures that lead to the adoption of environmental practices in manufacturing facilities"。

② 张辉（2006）认为价值链的治理反映了交易的复杂性、可编码程度和供应商能力的差异三方面因素的某些缺陷，各种治理类型克服各自相应的缺陷。遵循这个思路，这样有针对性的治理恰恰可能造成了对于嵌入企业环境绩效的异质性影响。

调查研究有助于深入挖掘全球价值链中各个环节主体间极为复杂的关系，然而难以克服案例自身的片面性。因此，建立价值链治理的定量方法，并基于大样本数据进行实证研究可以为案例和调查研究提供重要的补充，有助于加深对价值链治理的认识。

彼得罗卡洛和萨里奥拉（2008）开创性地提出把价值链治理定量化的方法，[①] 我们称之为 PS 方法，并把该方法引入本章的经验研究中。PS 方法的简要介绍如下：首先，彼得罗卡洛和萨里奥拉委托世界银行企业调查机构发放企业调查问卷来测量由杰雷费、汉弗莱和斯特金（G. Gereffi, J. Humphrey and T. Sturgeon, 2005）提出的三种价值链决定因素：（1）产品交易的复杂程度；（2）信息可编码化程度；（3）供应商的自身能力。根据这些因素，彼得罗卡洛和萨里奥拉认为价值链治理实际反映了购买方对供应商的产品明细、生产流程和技术投入等方面的不同程度的涉入（involvement）。因此，以下变量需要重点关注：公司所销售的产品中，完全依据购买方需求来生产产品的占所有产品的比例；购买方是否提供有关产品设计和质量方面的相关信息以及是否要求产品达到质量标准；购买方是否参与到企业的研发（R&D）活动中；购买方是否委派员工来传递生产所需的新技术。

其次，根据表 2 -3 的规则，通过上述变量的不同组合区别价值链治理的类型。

表 2 -3　　价值链治理量化的规则

价值链治理类型	满足购买方独特需求的销售占比	是否提供设计和质量信息和产品质量标准	是否传递新技术和参与研发过程
G_1 市场型	低于 20%	否	否
G_2 模块型	高于 20%	否	否
G_3 关系型	高于 20%	是	否
G_4 领导型	高于 20%	否	是
G_5 层级型	高于 20%	是	是

资料来源：彼得罗卡洛和萨里奥拉（2008）。

① Pietrobelli, C. and F. Saliola, "Power Relationships along the Value Chain: Multinational Firms, Global Buyers and Performance of Local Suppliers", *Cambridge Journal of Economics*, 2008, 32 (6): 947 -962.

从上述介绍可以发现，PS 方法测量价值链治理类型必须建立在企业调查数据的基础上。所以，通常这种方法的使用成本高昂，给研究人员带来了挑战。本章依据彼得罗卡洛和萨里奥拉委托世界银行所做的调查问卷，[①]首次把 PS 方法运用在以中国为对象的全球价值链经验研究中。

三、数据来源及实证模型构建

（一）数据来源

本节实证分析所使用的数据来自 2009 年 10 月至 2009 年 11 月在苏州工业园区收集的企业调查问卷。选择苏州工业园作为问卷调查地点的原因主要是：苏州是全国外资加工贸易的典型（刘志彪等，2005），而苏州工业园区代表性地反映了全球价值链模式下的对外开放。关于苏州工业园的简要介绍如下：苏州工业园是经国务院批准的国家级经济技术开发区，是中国和新加坡之间的重要合作项目。成立 15 年来，苏州工业园开发建设保持持续快速发展态势，主要经济指标年均增幅超过 30%，取得了 GDP 超千亿元、累计上交各类税收超千亿元、实际利用外资（折合人民币）超千亿元、注册内资超千亿元“四个超千亿”的发展业绩。截至 2008 年 6 月底，共吸引包括 77 家世界 500 强跨国公司在内的外商投资企业 3299 家，累计实现合同外资约 339.6 亿美元、内资 1295.7 亿元。据报道，苏州工业园综合发展指数居全国国家级经济技术开发区前列。[②]

在园区环保局的大力支持下，我们通过苏州工业园区环境保护网[③]的信息平台向园区企业发放和回收调查问卷。问卷的具体内容见本章附录，总计回收有效问卷 105 份。调查问卷方法获得数据的真实性依赖于受调查者的自我报告（self－report）。由于企业形象等因素，受调查者所报告的环境绩效可能优于真实的环境绩效。然而，由于这种情况在所有调查企业中

① 该问卷名称为 Productivity and the Investment Climate Survey（PICS）。下载的网址是：http：//www. enterprisesurveys. org/。

② 资料来源：http：//www. sipac. gov. cn/zjyq/yqgk/200807/t20080718_28695. htm。

③ 苏州工业园区环境保护网网址为：http：//epb. sipac. gov. cn/.

都普遍存在，因此对于实证分析结果不会带来根本影响。在以往的类似研究中，也时常使用调查问卷（例如，Liliana B. Andonova，2003；P. Christmann and G. Taylor，2001）。

（二）实证模型

在彼得罗卡洛和萨里奥拉（2008）研究的基础上，本章采用如下的回归模型：

$$\Pr(Per_i) = \beta_0 + \beta_1 G_{1i} + \beta_2 G_{2i} + \beta_3 G_{3i} + \beta_4 G_{4i} + \beta X_i + \varepsilon_i \qquad (2.1)$$

其中，因变量为 *Per*，代表企业的环境绩效。环境绩效的数据来自调查问卷中的问题 15。具体的测量方法如下：首先，对于问题 15 中的每个小问题，如果回答为“是”记为 1 分，回答为“否”则记为 0 分。然后，经过累加计算出每个企业的环境绩效总分。由于环境绩效总分的大小反映绩效的相对高低，而并非定比序列，所以不能采用普通最小二乘法回归，因而采用有序概率模型（William H. Green，2002）。因变量取值的分布如表 2－4 所示。

表 2－4　　因变量取值分布

Per 取值	频次	比例（%）
0	5	4.76
1	0	0
2	5	4.76
3	2	1.9
4	3	2.86
5	1	0.95
6	16	15.24
7	14	13.33
8	25	23.81
9	28	26.67
10	6	5.71
total	105	100

资料来源：调查问卷整理。

回归模型等式右边的 G_1、G_2、G_3 和 G_4 是本章最为关注的解释变量。这些变量都是虚拟变量，当取值为 1 时，分别代表四种价值链治理类型：市场型、模块型、关系型和领导型；当这些变量都同时取值为 0 时，代表层级型的全球价值链治理，在模型中作为基准类型。[①] 根据前面的分析，层级型治理模式代表着最高程度的价值链上协调，对嵌入企业的环境绩效影响最大。由于其作为基准类型，所以 G_1、G_2、G_3 和 G_4 系数的期望符号为负。解释变量的分布如表 2-5 所示。

表 2-5　　价值链治理类型虚拟变量取值分布

项目	$G_1=1$	$G_2=1$	$G_3=1$	$G_4=1$	$G_5=1$
频次	3	38	21	18	25
比例（%）	2.86	36.19	20.00	17.14	23.81

注：$G_5=1$ 代表着 G_1、G_2、G_3 和 G_4 取值都为 0 的情况。变量 G_5 在模式中并未出现，在表格中引入是为了叙述的方便。

资料来源：调查问卷整理。

X 代表一系列的控制变量，包括企业的规模、年龄和所处行业。选择这些控制变量的原因及其期望符号的说明如下。

- 企业规模（*scale*）

规模越大的企业可能环境绩效越好。这有两方面的原因：规模越大的企业越易成为环境规制的对象，同时污染的减排很可能具有规模效应。在这里，企业规模的定义为该企业职工人数的自然对数。该变量的期望符号为正。

- 企业年龄（*age*）

企业年龄，即从企业成立到 2009 年底所经历的时间长度。从机器设备等的投入来看，新企业比老企业更可能采用清洁生产的机器设备。因此，企业年龄控制变量的期望符号为负。

- 企业财务状况（*pro*）

通常企业财务状况越好，企业越有能力进行环境保护的投入。因此，企业财务状况控制变量的期望符号为正。在这里，我们以 2008 年企业人均

① 没有采用 G_1 作为基准类型的原因是：样本中 G_1 的分布较少，容易导致结论不够稳健。

营业利润的自然对数代表企业财务状况。

- 企业所处行业

由于产品不同带来的污染差异巨大，因此行业是重要的控制变量。这里依据调查问卷中企业填报的主要产品名称和所属行业把企业划分为电子元器件制造、设备制造业、金属和非金属制造，以及除此之外的其他行业，并以其他行业作为行业虚拟变量的基准。

此外，β_0 和 ε 分别为常数项和误差项。

四、回归分析结果

在回归分析前，首先对所有变量进行相关性分析。变量之间的相关系数矩阵如表2－6所示，所有相关系数的绝对值都比较小，说明基本不存在共线性问题。在此基础上，本书建立了一系列的有序概率模型对影响企业环境绩效的因素进行综合考察。详细的回归结果见表2－7。

表2－6　　相关系数矩阵

变量	*Per*	*age*	*scale*	*pro*	*ind1*	*ind2*	*ind3*	G_1	G_2	G_3	G_4
per	1										
age	0.2583	1									
scale	0.5832	0.4891	1								
pro	-0.0041	0.3263	-0.0166	1							
ind1	0.2346	0.0422	0.4789	-0.1978	1						
ind2	-0.1476	0.0559	-0.1011	0.2978	-0.4368	1					
ind3	-0.2807	-0.1474	-0.2667	-0.0662	-0.2031	-0.1774	1				
G_1	-0.0721	0.0587	-0.1095	0.088	-0.1213	0.0219	-0.0493	1			
G_2	0.1088	0.0634	0.1252	0.1632	-0.1542	0.1554	-0.1416	-0.1292	1		
G_3	-0.2103	-0.0757	-0.0468	0.0362	0.101	-0.0426	0.1256	-0.0857	-0.3766	1	
G_4	-0.1299	0.0589	-0.0782	0.135	0	0.0016	0.0599	-0.078	-0.3426	-0.2274	1

表 2-7 回归结果

变量	模型 1	模型 2	模型 3
G_1		-1.374 ** (0.658)	-1.374 *** (0.341)
G_2		-0.552 * (0.296)	-0.552 * (0.304)
G_3		-1.214 *** (0.335)	-1.214 *** (0.330)
G_4		-0.784 ** (0.347)	-0.784 ** (0.348)
age	-0.201 (0.186)	-0.234 (0.190)	-0.234 (0.216)
scale	0.436 *** (0.0877)	0.450 *** (0.0911)	0.450 *** (0.0916)
pro	0.132 (0.0870)	0.242 ** (0.0943)	0.242 ** (0.109)
*ind*1	-0.347 (0.290)	-0.296 (0.302)	-0.296 (0.326)
*ind*2	-0.675 ** (0.276)	-0.719 *** (0.278)	-0.719 ** (0.333)
*ind*3	-0.888 ** (0.429)	-0.868 * (0.443)	-0.868 (0.803)
Pseudo R^2	0.111	0.148	0.148
Prob > chi2	0.000	0.000	0.000
Observations	105	105	105

注：括号内为标准差；*、** 和 *** 分别表示 10%、5% 和 1% 的显著水平；模型 3 采用自助（抽样）方法，重复抽样的次数为 500 次。

首先，模型 1 只包括控制变量，所有变量的符号与期望符号一致。企业的规模、财务状况与企业的环境绩效之间具有正向联系，并且规模因素具有较好的显著性。企业的年龄越高，企业的环境绩效越低。在行业控制变量方面，电子元器件制造、设备制造业、金属和非金属制造三个行业都比除此之外的其他行业环境绩效水平差，并且设备制造业、金属和非金属制造两个行业具有显著性水平。

其次，模型2在模型1的基础上增加了本章最为关注的解释变量：G_1、G_2、G_3 和 G_4。在增加了这些解释变量后，模型中原有的控制变量符号均未发生变化，财务状况控制变量达到显著性水平。同时，模型 R^2 有所上升，反映出模型2具有更好的拟合效果。G_1、G_2、G_3 和 G_4 的符号都是负的，与期望一致，并且这四个解释变量都具有显著性水平。从解释变量系数的相对值来看，从 G_1 到 G_4，系数有逐渐增大的趋势，这说明相比于市场型治理类型，更高程度的价值链治理意味着被嵌入企业更好的环境绩效。

最后，由于样本量不大，误差的分布可能带来回归估计的稳健性问题。因而，本章采用自助（抽样）方法进一步得到了模型3的估计结果。自助（抽样）方法的基本思想是通过反复从样本中抽放来近似拟合真实母体，从而使回归的结论更能反映母体的特征。因此，自助（抽样）方法尝试从样本本身中获取其概率分布，并不依赖于中心极限定理。具体的操作原理是，从已有的样本中随机地抽出个体，构成一个新的样本，其中，有些个体可能会被多次抽中，然后计算这个新的人工样本的统计分布。所以，即便误差分布不是高斯型的，或者我们并不知道其分布情况，自助（抽样）方法提供了一种估算出 的概率分布，从而可以确定置信区间并运用标准统计方法进行假设检验。自助（抽样）方法还可以处理诸如异方差、非线性模型以及变量转换时的调整偏误（bias adjustment）之类的复杂问题。① 模型3进行了500次重复抽样，回归得到的系数符号和显著性水平与模型2的结果基本一致，进一步支持了模型2的发现。

---

① 详见Carroll, R. J. and D. Ruppert, *Transformation and Weighting in Regression.* Chapman and Hall, Ltd., Duan, N., "Smearing Estimate—A Nonparametric Retransformation Method", *Journal of the American Statistical Association*, 1983, 78 (383): 605-610.

五、本章小结

第一章的研究结果表明，对外开放显著地提高企业的环境绩效。在此基础上，本章从全球价值链的角度关注企业开放方式上的异质性，并考察其对企业环境绩效的影响。本章首先就全球价值链治理类型的差异与嵌入企业的环境绩效变化之间的内在联系进行了逻辑解析，提出价值链的治理类型影响企业环境绩效的研究假说。其后，对研究假说进行实证检验。为了达到这一目标，我们根据彼得罗卡洛和萨里奥拉开创的问卷调查方法来测量企业嵌入全球价值链的类型，在苏州工业园区收集了一手调查数据，然后采用有序概率模型以及自助（抽样）方法展开回归分析。回归分析得到的结果是，五种全球价值链治理类型——市场型、模块型、关系型、领导型和层级型——对于企业环境绩效的积极影响具有依次逐渐加强的趋势。该结果充分表明，中国企业嵌入不同类型的价值链将给企业的环境绩效带来异质性影响。

在现有文献中，尽管不少学者对对外开放与东道国的环境问题有着浓厚的兴趣，然而他们主要从宏观的视角深入地探讨全球生产空间格局变化对于环境的影响，例如，“污染产业转移”“污染避难所”等假说及相关研究，基本忽视了被常规贸易和投资数字所掩盖的全球生产组织形式的深刻变化。较少有文献把这种新兴的生产组织形式与加入企业的环境绩效问题联系起来分析和思考。本章的研究细致剖析了全球价值链治理模式与嵌入企业环境绩效的联系，并在此基础上展开经验验证。因而，本章的研究有助于发展中国家思考如何利用全球价值链模式改善自身环境状况。

附录：企业调查问卷*

企业的名称：______________________

主要生产产品：___________

问卷开始

1. 企业何时成立：___________年

2. 企业的员工数量：___________人

3. 企业2008年的营业利润为：___________万元

4. 企业所属的主要行业（单选）？

A. 食品　　B. 纺织品　　C. 木材及家具

D. 造纸及印刷　　E. 化学品　　F. 金属制品

G. 设备制造　　H. 电子产品　　I. 其他

5. 企业的生产技术水平在同类企业中处于什么水平？

A. 国内一般　　B. 国内中等

C. 国内领先　　D. 国际领先

6. 企业的所有制类型？

A. 内资企业　　B. 外商独资企业　　C. 中外合资企业

如果选择C，请问外资所占比例以及来源地？（如果无外资，请直接跳过本题）

6.1 比例：A. 1%~25%　　B. 26%~50%

C. 51%~75%　　D. 76%~100%

6.2 来源地：A. 欧洲、北美及日本　　B. 其他发达国家和地区

C. 香港、澳门、台湾地区　　D. 其他发展中国家和地区

7. 企业是否为跨国公司在中国的子公司？

A. 是　　B. 否

8. 企业主要是什么企业（或者公司）的供货商？

---

* 该问卷的设计参考两部分文献。关于企业环境绩效方面的问题来自企业环境行为的相关文献；其他部分来自世界银行企业调查机构采用的标准问卷（Productivity and the Investment Climate Survey，PICS）。

9. 企业产品出口比例是多少？

A. 无出口　　B. 1%~25%　　C. 26%~50%

D. 51%~75%　　E. 76%~100%

如果企业有出口，请问出口的去向主要是？（如果无出口，请直接跳过本题）

A. 欧洲、北美及日本　　B. 其他发达国家和地区

C. 香港、澳门、台湾地区　　D. 其他发展中国家和地区

10. 公司所销售的产品中，完全依据客户需求来生产的占所有产品的比例为________________%。

11. 企业是否销售产品给跨国公司客户，占所有产品的比例？

是否销售：A. 是　　B. 否

比例：____________%

12. 企业如何获得产品设计信息？

A. 由客户提供　　B. 自行设计　　C. 其他

13. 企业的客户如何控制和保障企业提供的产品质量？

A. 提供产品相关信息　　B. 培训贵企业员工　　C. 其他

14. 企业的客户除购买产品外，是否参与到企业的研发过程中？

A. 是　　B. 否

15. 环境管理代表企业为减少生产运营全过程对环境的负面影响所做出的各种努力。以下环境管理措施在企业的实施情况如何？请根据实际情况，选择“是”或“否”，在相应的选框中打钩。

编号	环保措施	是	否
1	通过清洁生产审核		
2	通过 ISO14001 认证		
3	企业内具有专门的环境保护机构或者建立内部环境管理体系		
4	每年对员工进行有关环境保护的培训		
5	在环保方面的技术创新（如生态设计等）		
6	废物或副产品的减量化和循环再利用		
7	定期公开企业环境信息		
8	有针对环境风险的应急措施		
9	预留相应资金支付违反环境法规的罚金或对污染的补救支出		
10	将环境保护纳入了未来的发展规划		

16. 如企业通过 ISO14001，通过的时间为______年。

17. 企业联系人__________，联系人职务__________，联系电话__________，手机__________，E-mail __________，传真__________。

18. 答卷人职务__________，主管业务范围__________。

问卷结束，再次感谢您的配合与支持！

第三章

供应链与企业社会责任*

一、引　言

随着中国经济社会的发展，承担社会责任成为全社会对中国企业的普遍期望，人们希望企业都能自觉履行其社会责任（赵曙明，2009）。但中国企业的表现却差强人意，例如，一些企业在生产中污染环境、不注重保护工人权益以及不顾消费者利益的制假售假事件不断被曝光，一些企业的短视行为严重制约了中国经济和企业的可持续发展。①

学术界对于企业履行社会责任是目的还是手段存在争议。然而，既然企业履行社会责任并不是出于它们自己的意愿（沈艳和姚洋，2008），那么，应如何使企业履行其社会责任就成为研究者关注的话题之一。研究表明，企业履行社会责任总体上沿着“外部压力推动—内部需求驱动—社会价值驱动”的模式演进（李伟阳和肖红军，2010）。一些研究发现，经理的学历、消费者的响应、企业的规模、企业的性质和媒体关注度等因素对企业履行社会责任有显著影响（周延风等，2007；温素彬和方苑，2008；徐莉萍等，2011）。这些研究给予我们很大启示，即促使企业履行社会责任，源自外部的压力不容忽视（罗殿军和李季，2007）。那么借助外部力量，如

---

* 张三峰、杨德才：《供应链社会责任管理与异质性企业社会责任行为——基于中国企业数据的实证研究》，载于《中国发展》2013 年第 13 卷第 5 期。

① 如2008 年“三聚氰胺”事件发生后，国内乳制品企业产品滞销，上市公司股票跌停，整个乳制品行业遭到巨大冲击，至今未能完全恢复。

政策干预、立法强制和利益相关者的监督是否能促使企业履行其社会责任?已有研究并未给出一个明确答案。其实，现实中可以观察到，越来越多的企业为了维护其在消费者心中的形象，同时扩大市场份额和保持竞争优势，纷纷在供应链体系内推行社会责任管理，并运用各种手段督促其供应链上下游企业重视环境保护和劳工权益等，以求通过社会责任管理来提升顾客满意度，实现企业的可持续发展（邵兴东，2009）。

目前，已有关于企业社会责任行为的研究大多数基于以西方国家经济和社会为背景的企业社会责任理论来分析中国企业行为，所得结论深化了我们对中国企业社会责任行为的认识。但是，直接应用国外理论可能忽略了中国企业和中国经济所处阶段的特殊性，忽视中国企业异质性，使某些结论与现实并不相符。也有研究使用中国上市公司数据进行分析，不过需要指出的是，其中的内生性问题处理不足，因为上市公司相比非上市公司而言都具有良好的治理机制，而良好的公司治理机制促进企业承担社会责任，反过来也是如此。另外，有的研究使用了调查数据，但调查样本偏小，存在代表性不足问题。这些局限为我们的研究提供了一些可能的方向。

本章以 2006 年 12 个城市的 1000 多家中国企业社会责任调查数据为样本，运用对数单位模型（logit model）和似不相关回归（SUR）方法，研究企业异质性、供应链社会责任管理与企业社会责任行为之间的关系。需要指出的是，本章中使用的供应链社会责任管理变量是来自企业供应链中上下游客户对企业社会责任的要求，这对企业自身的社会责任行为而言，可以视为一种外生的因素，从而避免了计量模型中可能存在的内生性问题，保证了回归结果的准确性。

二、文献回顾与研究假说

目前，企业供应链社会责任管理的研究受到学术界的关注（Mattheias，2010）。珀斯特（Poist，1989）首次把社会责任概念引入供应链管理中，提出物流企业社会责任概念，认为管理者在物流管理活动中不仅要考虑企业自身的利润，还应考虑为相关利益者承担责任。

国外研究者对于企业供应链社会责任管理的研究有两个方向：一是

探讨企业社会责任对整个供应链的影响。研究发现，企业实施供应链社会责任管理能提高利益相关群体的满意感和信任感，提升企业的品牌和美誉，并最终提高企业供应链管理绩效和企业竞争优势（Carter and Jennings，2002）。二是探讨基于供应链传递的企业社会责任履行的问题。研究发现，企业客户通过供应链可以传递对企业社会责任的看法和反应，对促进企业积极承担社会责任有着至关重要的影响（Tulder，2008），因为供应链中企业上下游客户通过原料或商品的购买行为将直接影响企业财务绩效。

国内研究对供应链管理与企业社会责任的关系也开始有所关注。贾愚和刘东（2009）从供应链的角度探讨了原奶供应链契约与原奶供给质量之间的关系，但他们没有深入分析企业社会责任行为与供应链社会责任管理之间的关系。邵兴东（2009）认为利用供应链企业间的协同效应可以降低企业履行社会责任的成本，提高企业社会责任的实践水平。而且通过利用战略供应商的技术与能力，审核与验证供应商社会责任履行状况与企业信誉，中小企业可以提升企业竞争力。但是，这些研究并没有结合企业异质性因素来分析企业供应链社会责任管理对企业社会责任行为产生的影响和结果。

事实上，在竞争激烈的市场中，企业的相互依存度也不断增加。一方面，供应链上的供应商、分销商等都会对企业的行为产生影响；另一方面，企业为了确保其产品的安全与质量，也需要与供应商、分销商等合作伙伴共同履行社会责任，或是监督合作伙伴的企业社会责任实施水平。因此，可以根据企业在供应链中所处的位置，要求供应链上下游企业承担其相应的社会责任。陈宏辉和王江艳（2009）、徐尚昆（2010）的研究发现，企业社会责任的认知与履行情况因不同类型企业和不同的经营状况而存在显著的差异。因此，在考察通过供应链传递的企业社会责任要求时，也应考虑到企业的异质性对社会责任认知和履行的影响。基于以上分析，本章提出如下两个假说：

假说1：在客户、消费者等利益相关者社会责任要求的压力下，企业将更注重企业社会责任的认知和履行。

假说2：处于供应链中的企业在异质性因素的影响下，其社会责任行为具有差异性。

三、研究设计

（一）变量设计

因变量。本章关注企业社会责任的行为（认知与履行），由于企业社会责任认知的考察可以从多个层面进行，国内学者常用的指标有“是否知道什么是企业社会责任”“企业是否制定了企业社会责任实施计划”“是否将企业社会责任作为长期战略的一部分”“是否熟悉国际通用的企业社会责任认证标准”等。根据使用的数据，本章选择两个指标——“企业管理者是否知道企业社会责任”和“是否将企业社会责任当作企业长期战略的一部分”作为衡量企业社会责任认知的代理变量。本章用二值变量来表示这两个指标（对前者，回答为“知道”和“知道一点”时为1，“不知道”为0；对后者，回答社会责任是企业长期发展战略的一部分时为1，否则为0）。对于企业履行社会责任的维度，已有研究并没有一致性的结论。金碚和李钢（2006）认为最能体现中国企业社会责任的三个指标是：生产性环保支出、劳工社会保障投入及纳税额。遗憾的是，本章使用的数据对以上三个指标并没有进行全部调查。综合已有文献，本章选择以下四个指标代理企业社会责任的履行，即过去三年中企业是否进行过捐赠、企业员工每天工作小时数、企业是否设立专门的环保管理部门和企业是否获得了ISO9001认证。

解释变量。关于企业供应链社会责任管理，本章使用的问卷中有“哪些客户要求企业达到劳工标准”（供应链1）、“哪些客户要求企业达到环保标准”（供应链2）和“企业客户是否对企业进行审核和质量检查”（供应链3）问题设计。对供应链1和供应链2，其备选项分别为“大多数要求”“少数要求”“基本不要求和没有此类客户”，本章将后两个答案合并为一个，当大多数客户要求时为1，其他为0；对供应链3，当客户进行审核和检查时为1，否则为0。

另外，研究发现，出口型企业会受到来自国外客户的社会责任的要求压力，出口成为企业履行社会责任的动力之一。本章采用出口交货值来代理出口变量，当有出口交货值时取1；否则为0。关于企业异质性，根据数据可得性，本章选择如下指标：（1）企业规模。本章按照企业员工的数量设置了相应的虚拟变量。（2）区位。企业所处地理位置也会对企业履行社会责任产生影响。（3）生产率。生产率高的企业，其市场竞争力强，为了保持其市场竞争力，企业会更加重视社会责任的履行。同时，对中国企业而言，生产率很大程度上是与凝结在生产装备设备中的资本规模因素相关。本章采用人均资本存量来代理企业生产率指标。

关于控制变量，如前所述，考察企业社会责任的行为，还应控制一些与企业社会责任紧密相关的变量。综合相关理论和本章所使用的数据，选择以下指标作为控制变量：（1）总经理学历。采用数据中企业总经理填报学历水平。（2）企业是否加入公益组织或协会。在人类行为中广泛存在着"同群效应"（Glaeser，2003），如果是这样，那么加入公益组织或协会中的企业将更注重社会责任的履行。（3）是否上市。因为上市公司将更加注重社会责任的履行。（4）政治资本。一般而言，企业为获取政治资本相应会更重视企业社会责任的履行，本章使用企业业主或总裁是否为人大代表等度量。

考虑到企业的所有制类型特征差异，我们在模型中加入了企业是否为外商投资企业、港澳台企业、民营企业以及国有企业的虚拟变量，以国有企业为基准组，考察企业的所有制差异对于企业社会责任行为的影响效果。除以上刻画单个企业特性的变量外，我们还控制了企业所处的行业市场竞争强度，政府对企业劳工、环保和产品质量的监管，以及企业对本企业社会责任履行的自我评价，以此考察不同市场竞争压力、不同监管压力等与企业社会责任之间不可观察的因素。数据的具体描述见表 3－1。

表 3－1　　主要变量界定及定义

变量		定义	样本数
因变量	社会责任认知 1	是否知道企业社会责任，知道和了解取 1，其他取 0	1133
	社会责任认知 2	是否将社会责任做为企业长期战略部分，是取 1，否取 0	1067
	社会责任履行 1	过去三年内企业是否进行捐赠，是取 1，否取 0	1133
	社会责任履行 2	企业员工每天工作小时数	1161
	社会责任履行 3	企业是否设有专门的环境管理部门，是取 1，否取 0	1138
	社会责任履行 4	企业是否获得 ISO9001 认证，是取 1，否取 0	1081

续表

变量		定义	样本数
解释变量	供应链1	哪些客户要求企业达到劳工标准，大多数客户要求取1，否取0	900
	供应链2	哪些客户要求企业达到环保标准，大多数客户要求取1，否取0	1174
	供应链3	企业客户是否对企业进行审核和质量检查，客户检查取1，否取0	1024
	出口	有出口交货值时取1，否取0	1174
	企业规模	以小型企业为参照组，大型或中型企业取1，其他为0	1174
	区位	以东部为基准组，西部取1，其他取0，或中部取1，其他取0	1174
	生产率	企业固定资产总额/企业员工数	1174
	总经理学历	总经理学历水平，初中及以下取1，高中取2，本科及以上取3	1147
	公益组织	企业是否加入公益组织或协会，是取1，否取0	1139
	企业协会	企业是否加入行业或商业协会，是取1，否取0	1128
	是否上市	企业是否为上市公司，是取1，否取0	1146
	政治资本	企业业主或总裁是否为各级人大代表等，是取1，否取0	1151

注：限于篇幅，其他控制变量没有列出。

（二）模型构建

借鉴已有关于企业社会责任认知和履行的研究文献，本章建立如下计量模型：

$$csr_{ij1} = \alpha_0 + \alpha_1 sc_{1i} + \alpha_2 sc_{2i} + \alpha_3 \exp_i + \alpha_4 x_i + \alpha_5 d_i + \mu_i \tag{3.1}$$

$$csr_{ij2} = \beta_0 + \beta_1 \exp_i + \beta_2 x_i + \beta_3 d_i + \omega_i \tag{3.2}$$

$$h_i = \beta_{h0} + \beta_{h1} sc_{1i} + \beta_{h2} \exp_i + \beta_{h3} x_i + \beta_{h4} d_i + \varepsilon_{hi} \tag{3.3}$$

$$e_i = \beta_{e0} + \beta_{e1} sc_{2i} + \beta_{e2} \exp_i + \beta_{e3} x_i + \beta_{e4} d_i + \varepsilon_{ei} \tag{3.4}$$

$$q_i = \beta_{q0} + \beta_{q1} sc_{3i} + \beta_{q2} \exp_i + \beta_{q3} x_i + \beta_{q4} d_i + \varepsilon_{qi} \tag{3.5}$$

其中，i 表示不同的企业；j 表示不同的社会责任认知；x 表示一系列企业特征变量；d 表示控制变量；μ、ω 和 ε 为随机误差项。

（三）数据来源说明

本章使用的数据来源于世界银行和国家统计局进行的一次工业企业调

查，数据来自两个方面：一是国际金融公司（IFC）委托北京大学中国经济研究中心进行的一项关于企业社会责任的调查，该调查于2006年在全国12个城市的1268家企业进行。问卷的内容涉及劳动保护、环保管理、市场环境、政府监管等方面。二是国家统计局提供的这些被调查企业在2000～2005年的企业信息，包括雇佣人数、总利润、税收、总销售额等。考虑到中国在世界制造业中的地位和制造业企业在调查中所占的比重及数据质量，[①] 在本章的研究中仅选取制造业企业数据。另外，根据研究需要，我们剔除了财务数据不全的样本，如缺少雇佣人数等。

总体而言，本研究使用的企业样本无论从规模、所有制类型还是区位等方面，均具有广泛的代表性。遗憾的是，受调查企业没有给出2000～2005年全部有关社会责任履行的数据，只有2005年的数据，因此我们只用了2005年的截面数据。

四、实证结果与分析

对横截面数据进行计量分析，必须注意可能存在的多重共线性和异方差问题。通过观察解释变量的皮尔逊（Pearson）相关系数矩阵，发现变量之间相关系数绝对值一般都在0.5以内，低于变量间多重共线性的门槛值。另外，为了减少模型中可能存在的异方差问题对估计结果稳健性的影响，我们采用怀特（White）所推导出的异方差一致协方差矩阵，对模型回归结果进行了修正，这既使回归结果更为稳健可靠，又可一定程度上缓解模型的异方差问题。我们首先估计方程（3.1）检验企业异质性因素对企业社会责任认知的影响，然后检验供应链社会责任管理对企业社会责任行为的影响。本章计量软件使用STATA 11.2。

首先，对于企业社会责任认知行为，根据本章所使用的数据类型，我们选择Logit模型进行回归，表3－2是模型检验的结果。从结果看，本章的假说2得到了证实。检验结果表明，在控制所有制和市场结构因素、不

① 制造业企业占总样本的47.7%，其他企业属于农林牧渔、地矿勘探和金融等行业，且数据缺失较为严重。

控制企业供应链社会责任管理的情况下，相对小型企业，大中型企业管理人员对企业社会责任更为熟悉和了解，这也说明规模大的企业将更有资本从事企业社会责任相关的活动。企业是否上市与企业社会责任认知正相关且在5%水平上显著，这是因为上市公司大多是行业内的优秀企业，而且这样的企业常常是媒体和公众关注的对象，从而增加了此类企业对社会责任的认知的了解。企业社会责任认知存在明显的地区差异，相对东部地区，西部地区对社会责任的认知要好于中部地区，这是一个与预期不同的结果，其原因需要进一步探索。研究表明，出口企业对社会责任认知程度更为熟悉，可能的解释是出口企业必须使自己的产品符合国际标准，满足国外客户的要求，而这些标准也会体现出一定的企业社会责任。总经理学历与企业社会责任认知正相关，表明受过良好教育的经理会有更多的机会了解企业社会责任，并在战略制定和管理实践中更重视企业社会责任。

表3-2　企业社会责任认知行为回归结果

项目	模型1		模型2		模型3	
	系数	Z值	系数	Z值	系数	Z值
供应链1					0.807 *	(1.69)
供应链2					0.280	(0.33)
大型企业	1.312 ***	3.42	0.063	0.17	0.023 **	(2.04)
中型企业	0.723 ***	3.41	0.058	0.26	0.408	(1.01)
是否上市	0.334 **	1.91	1.037 **	2.05	1.593 **	(2.10)
中部	-0.504 ***	-2.76	-0.052	-0.28	-0.008	(-0.04)
西部	0.408 **	2.15	0.425 **	2.16	0.313	(1.41)
出口	0.331 **	2.12	0.249 *	1.65	0.208 *	(1.73)
生产率	0.234 ***	3.58	0.051	0.81	0.104	(1.39)
公益组织	0.509 ***	3.28	0.408 ***	2.61	0.794 ***	(2.80)
企业协会	0.675 ***	3.15	0.793 ***	3.21	0.451 **	(2.56)
政治资本	0.310 **	2.04	0.367 **	2.35	0.385 **	(2.20)
总经理学历	0.306 ***	2.98	0.484 ***	4.56	0.423 ***	(3.59)
常数项	-2.387 ***	-3.63	-1.144 *	-1.69	-1.347	(-1.47)
所有制结构	控制					
市场结构	控制					
样本数	995		946		761	
Pseudo-R^2	0.131		0.084		0.091	

注：*、**和***分别表示参数估计值在10%、5%和1%水平上显著。括号内数值表示经过稳健性修正后的Z值。

结果还发现，加入公益性社会组织或行业协会与企业社会责任认知显著正相关，表明企业社会责任的认知存在“同群效应”。这意味着，各种公益性社会组织和行业协会在促进行业内企业社会责任的认知和履行上可以发挥更大的作用。如目前国内各行业组织和协会也发布相应的企业社会责任指南和报告，这都将促进企业社会责任的规范化建设。另外，企业生产率与企业社会责任认知正相关，这一结论与大多数研究一致。本章的解释是，生产率较高的企业将在市场竞争中处于有利地位，为维护这个有利地位，企业将更重视对其社会责任的认知和履行。企业政治资本与企业社会责任认知正相关，并在1%水平上显著。本章认为，企业总经理或总裁的政治参与相当于采取了一种嵌入性的策略来发挥政治影响，即通过政治渠道来实现经济目标，因此，他们会更注重在社会责任上的表现。

模型3中，本章加入了供应链社会责任管理，结果表明，在其他条件不变的情况下，供应链1与企业社会责任认知正相关，但供应链2系数不显著。这个结论意味着供应链社会责任管理可以有效地提升企业社会责任意识，尽管企业对环境保护和劳工标准一样重视，但可能企业更注重对员工的保护，并倾向于给员工提供保险和福利等，因为这更能吸引优秀人才的进入，我们的研究表明可能确实存在这一现象。

其次，对于企业社会责任的履行，我们对由方程（3.2）、方程（3.3）、方程（3.4）和方程（3.5）组成的联立方程组进行估计。这是因为，尽管将供应链社会责任管理视为外生变量，但一些不可观察的变量会同时影响这四个被解释变量，进而导致四个方程的残差项之间的协方差可能非零。我们使用似不相关回归（SUR）方法，并利用这一非零协方差以提高估计的渐进效率。

似不相关回归（SUR）估计的结果报告在表3-3中。由于企业的捐赠行为受供应链社会责任管理影响较小，因此模型4中并没有控制供应链因素。对于另外三项企业社会责任，回归结果显示，供应链传递的社会责任要求的系数分别为-0.025、0.167和0.006，并且至少在10%水平上显著。这意味着，在保持其他条件不变的情况下，相比没有供应链传递的社会责任要求的企业，有来自供应链传递的社会责任要求的企业工人工作小时数要低2.5%，企业建立专门的环境管理部门和获得国际产品质量认证标准的概率就越大，本章的假说1得到了证实。而且四个方程的残差项协方差矩阵不等于零,① 这表明似不相关回归（SUR）方法可以提高渐进效率。

表 3-3　　企业社会责任履行似不相关回归（SUR）结果

项目	模型 4		模型 5		模型 6		模型 7	
	系数	Z 值	系数	Z 值	系数	Z 值	系数	Z 值
供应链 1			-0.025 *	-1.75				
供应链 2					0.167 ***	4.11		
供应链 3							0.006 **	2.15
大型企业	0.076 *	1.79	-0.158 *	-1.74	0.342 ***	3.30	0.142	1.44
中型企业	0.129 **	2.52	-0.077	-1.59	0.191 ***	3.48	0.112 **	2.14
中部	-0.046	-0.99	-0.150	-1.47	-0.012	-0.25	0.192 ***	4.09
西部	-0.099 **	-2.02	-0.142	-1.05	0.016	0.31	0.006	0.12
出口	0.046	1.16	-0.001	-0.03	0.009	0.21	0.147 ***	3.60
生产率	0.023	1.43	0.061	1.06	0.066 ***	3.82	0.042 **	2.55
政治资本	0.196 ***	5.17	0.049	1.40	0.016	0.41	0.123 ***	3.27
公益组织	0.129 ***	3.27	-0.015	-1.60	0.194	0.67	0.046 *	1.90
企业协会	0.110 **	2.02	-0.125	-1.05	0. 107 **	2.05	0.167 **	2.19
总经理学历	0.021 *	1.80	-0.071 ***	-2.98	0.075 ***	2.73	0.097 ***	3.74
劳动监管			-0.003 *	-1.73				
环保监管					0.003 ***	2.83		
产品监管							4.34e-05 *	1.83
所有制	控制							
社会责任自评	控制							
市场结构	控制							
样本数	589							
R-squared	0.159		0.121		0.172		0.194	

注：*、** 和 *** 分别表示参数估计值在 10%、5% 和 1% 水平上显著。

对于其他因素的分析。结果表明，企业规模和总经理学历与企业履行社会责任存在显著的正向关系，这和已有研究的结论相一致。关于企业区位变量，相对于东部企业，中西部企业在捐赠、劳工权益保护和环境保护

① 限于篇幅，这里没有列出协方差矩阵，留存备索。

责任的履行上并没有太大差别。在产品质量责任方面，中部企业的履行情况较好，西部企业相对较差。这一结果表明在要求企业履行社会责任时应注意到地区之间的差异。出口变量仅与企业是否获得ISO9001认证有正向关系，表明企业进入国际竞争市场后，会受到来自国外顾客和经销商的产品质量要求，从而使企业不得不更重视产品质量的提高。企业生产率因素与企业环保责任和产品质量责任的履行正相关，这在一定程度上表明环境保护与生产率可以共赢的“波特假说”在中国企业层面也是存在的（张三峰和卜茂亮，2011）。政府监管对企业劳工权益的保护、对环境的保护和产品质量责任有影响显著，表明增强政府对企业履行社会责任的监督可以促进企业履行社会责任。① 企业政治资本变量对企业捐赠和提高产品质量有显著正向影响，但对劳工权益的保护和环境的保护影响不显著，这可能说明具有政治身份的企业家偏好于易受媒体和公众关注的社会责任，而对较难衡量和评估的劳工权益和环保责任关心较少。此外，研究还表明，在企业捐款和产品质量行为上也存在“同群效应”，这再次表明公益性社会组织和行业协会等组织对企业社会责任的履行具有重要意义。

总之，本章的研究结论表明，企业社会责任的履行需要后天的培育和引导。在具体的实践中，企业应将其社会责任理念融入企业生产经营活动以及与各利益相关者互动的过程中，进而形成一个能体现企业异质性的企业社会责任战略。

五、结论与政策含义

本章利用2006年微观企业数据，对企业异质性、供应链社会责任管理与企业社会责任行为之间的关系进行了研究。研究结果表明，本章提出的两个假说均得到了有效验证。首先，企业规模、生产率和总经理学历等异质性因素对企业社会责任的认知具有显著正向影响；其次，在其他条件不变情况下，供应链社会责任管理与企业社会责任认知和履行正相关，但也表现出一定的差异；再其次，政府监管促进了企业对劳工权益保护、环境

① 近期被曝光的一系列企业社会责任丑闻也表明企业社会责任的缺位与政府监督空缺有关。

管理和产品质量等社会责任的履行；最后，企业在履行社会责任的某些行为上存在较为明显的“同群效应”。

本章研究的结论对企业社会责任实践有三个方面的启示：第一，供应链中的企业，其自身的社会责任标准和实践通过供应链传递对其他企业起到了示范作用。那么，从供应链建设的角度去解决部分企业不愿承担社会责任的问题有可能会产生意想不到的效果。第二，社会责任是一个系统问题，政府的介入和利益相关者的压力有助于企业履行社会责任。具体而言，政府可以通过媒体宣传自愿履行社会责任的企业，并完善企业履行社会责任的制度建设，在现有法律、法规的执行中激励企业将社会责任纳入其商业战略中。利益相关者通过形成压力集团来促使企业履行社会责任，特别是劳工权益保护、环境保护和公共利益三个方面的责任。另外，考虑到公益性社会组织对企业社会责任行为的影响，发展公益性组织、建设公民社会也会对企业自觉履行其社会责任有促进作用。第三，考虑到企业的异质性，我们需要企业履行社会责任，但不是要求所有企业承担同样的社会责任，而是要求企业建立适合本企业的社会责任战略和管理体系。

本章的不足之处是，由于经验研究数据的限制只采用截面数据。选择跨时期的更大规模的企业样本来研究供应链社会责任管理与我国企业社会责任行为的动态关系及其内在机制是努力的方向。

第四章

贸易、非正式环境规制与中国企业 ISO14001 认证*

一、问题的提出

目前，中国80%的环境污染来源于企业的生产经营活动（沈红波等，2012）。研究表明，来自政府的压力对企业的环保行为具有显著影响（Gasgupta et al.，2000）。那么，除此之外，还有没有其他力量或因素能够推动企业对环境保护的重视呢？从发达国家的环境治理经验来看，企业环境保护行为还受到来自消费者等社会公众的非正式环境规制的影响（Buysse and Verbeke，2003；Heyes and Kapur，2012）。其实，环境保护事业离不开公众等利益相关者的参与，与单独以政府为中心的"命令—控制"模式相比，多主体共同参与的环境管理模式不仅可以弥补政府环境保护投入的不足，还能激发社会公众对企业环境行为的监督，促进政府环境保护效率的提高。

改革开放以来，中国企业崛起壮大的路径之一是嵌入全球价值链，参与国际分工。尤其是2000年以来，中国对外贸易额快速增长，出口贸易已成为促进中国经济增长的重要动力之一。与此同时，中国的环境污染也在日益加剧，在此背景下，研究者将快速扩张的出口贸易与中国的环境污染状况加以联系，并认为国际贸易是近年来中国环境状况难以改善的一个重要原因

---

* 张三峰、卜茂亮：《嵌入全球价值链、非正式环境规制与中国企业 ISO14001 认证——基于2004—2011 年省际面板数据的经验研究》，载于《财贸研究》2015 年第 2 期。

（Dean and Lovely，2008；张友国，2009）。还有学者认为，来自发达国家的政府、消费者、企业及环保 NGO 等利益相关者的环境保护与管理的诉求和压力，可以通过彼此间的采购、供应关系进行传递，从而有助于促进企业关心环境（沈艳和姚洋，2008）。毋庸置疑，中国企业嵌入全球价值链，进入国际市场，也要面对来自国外环境保护制度和消费者等利益相关方的压力。为此，中国企业开始重视环境管理体系，申请相应的国际环境管理认证。例如，国际标准化组织2012 年的调查统计显示，截至2011 年年底，中国有8.2万家企业通过了 ISO14001 认证，获得认证的企业总数居世界第一位。[①]

那么，中国企业自愿接受这种环境管理认证是否与其所面对的内外部环境的改变有关？在正式环境规制不能完全发挥作用的情况下，通过价值链传递的国外非正式环境规制能否改善企业环境保护行为，源于国内公众压力的非正式规制是否发挥了作用？要回答这些问题，需要对中国企业环境行为的影响因素及其作用机理展开研究。基于此，本章利用中国 30 个省（区、市）2004 ~2011 年的企业 ISO14001 认证数据，使用面板计数模型，从嵌入全球价值链与国内公众的非正式环境规制两个方面考察影响中国企业环境行为的因素，以期为企业环境行为的相关研究提供有益参考。

虽然巫景飞等（2009）也分析了 ISO14001 认证在中国的传播及其影响，但区别于该项研究，本章侧重在全球化背景下，从新制度经济学的视角探讨非正式环境规制与中国企业环境行为的关系。本章可能的创新之处主要体现在：一是将非正式环境规制纳入贸易对环境影响的分析框架中，进而更全面地考虑中国企业环境保护行为的内外部影响因素；二是在分析经济全球化对中国环境的影响是遵从“污染避难所”假说还是“环境收益”假说中考虑了东道国正式环境规制的调节作用。

二、相关文献述评与研究假设

当前，国际贸易进入全球价值链时代，那么嵌入全球价值链究竟是有

① ISO14001 认证又称为国际环境管理体系认证，是由国际标准化组织发布的一份标准，属于广义上的自愿性环境管理，通过认证则证明该组织在环境管理方面达到了国际水平，该认证有助于树立良好的社会形象。

益还是有害于环境？对这个问题的回答是当前国际经济领域中最容易引起争论的话题之一（Taylor，2005）。一部分学者认为，贸易会使低收入的发展中国家环境问题更为严重。因为发达国家会将污染密集型企业（产业）向环境标准较宽松的发展中国家转移，同时发展中国家为了维持或增强其企业（产业）的竞争力，可能会降低环境标准，进而导致环境恶化。这类学者提出并验证了“污染避难所”假说和“向底线赛跑”假说（Taylor and Copeland，1994；Bagwell and Staiger，2001；Ljungwall and Linde－Raher，2005）。另一部分学者认为，贸易开放不仅可以使东道国企业更易接触到与节能环保相关的先进技术和管理经验，还能通过提高企业竞争力激励其更加有效地利用资源和节能减排，以满足国外消费者对清洁产品的需求。这些学者提出并验证了“环境收益”假说（Grossman and Krueger，1995）。

贸易对环境的影响最终会体现在企业的环境行为上。那么，参与全球价值分工后，全球价值链传递的国外环境规制压力对出口国企业的环境行为产生了何种影响？克里斯特曼和泰勒（Christmann and Taylor，2001）的研究表明，发达国家制定的环境标准会促使中国企业为改善环境行为而积极采纳 ISO14001 认证。史丹利（Stalley，2009）发现，在经济全球化背景下，发展中国家的企业会不断改善其环境行为，以满足交易者的环境标准，否则这些企业就会存在失去市场的风险。国外研究还表明，引入社会性规制能够使出口企业更加恪守出口目的地国家的环境标准，并且社会性规制强度越大，企业越会严格规范其产品的环境标准（Blackman and Guerrero，2012）。例如，西馆（Nishitani，2009）发现，美国汽车产业普遍要求其海外供应商必须满足 ISO14001 认证。在针对中国的研究中，张等（Zhang et al.，2008）使用江苏省 89 家企业数据，检验了企业环境绩效的影响因素，发现外部压力对企业环境绩效的改善有显著正向影响，但政府环境规制并没有发挥其应有的作用。外部压力特别是来自本国消费者和外国消费者的压力，对企业 ISO14001 认证有显著正向影响（Qi et al.，2011）。

然而，上述研究并没有专门分析出口目的地以及出口规模对本土企业 ISO14001 认证的影响。同时，在全球价值链分工体系中，发展中国家本土企业的出口主要是以加工贸易为主，并被锁定于价值链的低端，在这种分工模式下，发展中国家的企业只能获得较低的利润，而发达国家客户则不断利用其垄断地位，挤压发展中国家企业，迫使其主要依靠大量的出口以获取微薄收益。然而，即便如此，发展中国家本土企业嵌入全球价值链也需要经过发达国家客户的严格检验，这其中就包含发展中国家本土企业的产品必须符合一定的环境标准，例如，欧盟要求纺织产品必须具备 ISO14001 认证或 EMAS 认证。实际上，ISO14001 认证已成为发展中国家本土企业进入国际市场的绿色通行证，即如果企业满足了国外客户的环境标准，那么企业就可以进入发达国家的市场，并通过大量出口获得出口的规模收益，进而激励企业更加努力满足国外市场的环境标准。据此，本章提出：

假设 1：在中国，如果出口地企业嵌入全球贸易网络越深，那么通过出口的规模收益效应，出口地企业将越可能采纳 ISO14001 认证。

假设 2：在中国，如果出口目的地企业 ISO14001 的认证数量较多，那么通过反向溢出效应，出口地企业将拥有更多的 ISO14001 认证数。

随着经济全球化的不断深入，跨国公司会依据其自身优势和东道国特定产业的特点来决定公司战略，并据此选择究竟是对外直接投资还是利用国际贸易实现资源配置，即全球价值链分工的实质是跨国公司在全球范围内进行的资源整合，那么，从这一角度看，吸收外商直接投资（FDI）也是发展中国家经济嵌入全球价值链的表现之一。具体来说，改革开放以来，大量吸收 FDI 和对接全球产业（企业）转移使中国成为“世界工厂”，但是中国也承接了大量高耗能、高污染产业（企业）。[①] 需要说明的是，FDI 作为技术转移的主要渠道，也会通过对外来先进技术和专业知识的示范对中国企业产生正的外部性。这意味着 FDI 的流入对中国企业环境保护行为的影响是一把“双刃剑”，同时满足“环境收益”假说和“污染避难所”假说的描述。那么，FDI 对东道国环境的影响究竟遵从哪个假说，从理论机制看，关键在于东道国政府对环境污染监管的严格程度，因为东道国环境规制程度不仅在很大程度上影响本国的产业结构，同时也能影响本国及外国企业在多大程度上采用更为先进的节能环保技术，即制度安排往往对环境演变起着关键性的决定作用。

但实证研究并没有取得一致性结论。普拉卡什和波托西（Prakash and

① 全文报道见 Kahn. J.，Landler. M.，“China Grabs West’s Smoke – Spewing Factories”，http：//www. nytimes. com/2007/12/21/world/asia/21transfer. html。

Potoski，2006）使用国际标准化组织 2003 年国家层面的统计数据，并没有找到 FDI 会促进企业 ISO14001 认证扩散的证据。在针对发展中国家的研究中，坦布雷特察（Tambunlertcha，2013）基于泰国食品制造等三个代表性行业的企业层面数据，检验了出口与 FDI 对企业采纳 ISO14001 认证的影响，结果发现，在控制企业异质性条件下，FDI 对企业采纳 ISO14001 认证有显著正向影响。基于以上分析，本章提出：

假设 3：在中国，在政府环境规制的调节下，FDI 会对中国企业 ISO14001 认证产生正向影响。

新制度经济学把制度看作一个由正式规则（如政治规则、经济规则等）和非正式规则（如社会规范、惯例和道德等）组成的社会游戏规则（诺思，1981）。研究表明，中国政府"命令—控制"的环境规制模式并不能总是促使企业重视环境保护（Lin，2013），事实上，环境保护问题是一个公共问题，需要利益相关者的共同参与（郑思齐等，2013）。发达国家的环境保护实践表明，环保事业的最初推动力就来自于公众（Martens，2006），在发达国家的环境治理过程中，众多环境保护 NGO 通过宣传教育、信息披露和法律诉讼等方式，不仅提升了公众的环境保护意识，而且直接促进了绿色消费群体的形成，最终促使本国企业从经济理性角度进行环保自律，积极接受 ISO14001 认证。

针对发展中国家的研究表明，不管是正规还是非正规的污染控制压力，都是决定企业污染治理的重要因素，而且来自社区等利益相关者的环境压力对企业环境治理有显著正向影响（Hettige et al. ，1996），这意味着，社会规范等非正规环境规制与政府正式环境规制体系是一种互补关系，非正式环境规制可以极大地调动社会资源，扭转政府环境保护投入不足和监管不力的局面。达斯古普塔和惠勒（Dasgupta and Wheeler，1997）认为，在缺乏对企业污染的正式规制的情况下，公众对污染的抱怨可以促使企业重视环境管理，减少污染排放。企业所处的制度环境对企业的环境管理战略及其战略行为存在重要的引导作用，企业要在竞争中生存，就必须遵守包括正式和非正式的游戏规则（Khanna and Speir，2013）。

目前，国内已经有多家环保 NGO 组织发出了"绿色选择"的倡议书，提倡消费者利用自己的购买权力来影响企业的环境行为，尽量选择环境达标企业生产的产品，进而对污染企业产生现实压力。研究也表明，生产企业和零售商通过严格审核其供应链，不选择超标企业作自己的供货商，可以创造出正向市场激励机制，提升愿意为环境负责的企业的竞争优势（张三峰和杨德才，2013）。事实上，随着环保意识的不断增强，消费者也越来越愿意为环境友好的产品进行额外的支付，那么企业就可以通过ISO14001认证向潜在的顾客、投资者和供应商展示其改进环境绩效的意愿，最终有助于企业经济绩效的提升。也就是说，虽然ISO14001认证是自愿型管理标准，但实际上依然是企业在面临各种社会压力下的非完全自愿行为，是企业与政府、社会在环境规制的博弈过程中出现的一种制度创新（巫景飞等，2009）。据此，本章提出：

假设4：在中国，企业所在地公众环境关注度与企业ISO14001认证呈正相关关系。

三、研究设计

（一）模型设定与变量选取

本章从嵌入全球价值链和非正式环境规制的角度对中国企业通过ISO14001认证进行考察，结合已有文献，本章设定的基本经验研究模型为：

$$\begin{aligned} iso14_{it} = {} & \alpha_0 + \alpha_1 iso90_{it} + \alpha_2 export_{it} + \alpha_3 index1_{it} + \alpha_4 regu_{it} \\ & + \alpha_5 fdi_{it} + \alpha_6 regu_{it} * fdi_{it} + \alpha_7 value_{it} + \eta_i + \gamma_t + \varepsilon_{it} \end{aligned} \tag{4.1}$$

其中，$iso14_{it}$表示第i个省（区、市）t年企业采纳ISO14001认证的数量；$iso90_{it}$表示第i个省（区、市）t年通过ISO9000认证的数量，一般而言，通过ISO9000认证的企业更有可能进一步通过ISO14001认证，这是因为ISO14001认证与ISO9000系列质量体系标准遵循共同的体系原则，两者具有很好的兼容性；$export_{it}$和fdi_{it}是自由贸易变量，分别表示省（区、市）出口总量和外商直接投资占该省（区、市）GDP的比重；$regu_{it}$表示环境规制变量，由于环境规制变量的相关数据难以获得，学者通常使用治污投资、污染排放等指标代理，但这些指标存在一定程度的不足，本章使用资源环境综合绩效指数来代理环境规制指标；[①] $index1_{it}$表示国内非正式环境规制，有学者使用 Google 趋势中的搜索功能构造公众对某个关键词的关注度（Kahn and Kotchen，2011；徐圆，2014），借鉴已有文献的方法，本章以"环境污染"为关键词在 Google 趋势中检索，从而得到各省（区、市）公众对环境污染的关注程度；$value_{it}$表示工业化水平，用该省（区、市）工业增加值占 GDP 的比重代理；$regu_{it} * fdi_{it}$是 FDI 与环境规制的交互项，用以考察国内环境规制对"污染避难所"的调节作用。η_i表示地区虚拟变量，用以捕捉不随时间变化的省（区、市）固定效应；γ_t表示年度虚拟变量，用以捕捉各省（区、市）共同的时间趋势；ε_{it}表示随机误差项。

为进一步考察出口目的地采纳 ISO14001 数对东道国企业 ISO14001 认证的反向溢出效应，本章对模型（4.1）进行拓展，建立如下模型：

$$iso14_{it} = \beta_0 + \beta_1 iso90_{it} + \beta_2 index1_{it} + \beta_3 regu_{it} + \beta_4 fdi_{it} + \beta_5 regu_{it} \times fdi_{it} + \beta_6 value_{it} + \beta_j \sum des_{it} + \eta_i + \gamma_t + \mu_{it} \quad (4.2)$$

其中，des_{it}表示中国第 i 个省（区、市）t 年对亚洲（*Asia*）、欧洲（*Euro*）、北美洲（*North*）、非洲（*Africa*）、拉丁美洲（*Latin*）和大洋洲（*Ocea*）的出口，即在模型（4.2）中包含 6 个洲际连续变量；μ_{it}表示随机误差项；其他变量与模型（4.1）中的变量相同。对于 des_{it}变量的度量，参照古莱等（Gule et al.，2002）的研究，通过下式计算各洲 ISO14001 认证数的反向溢出效应：

$$des_{it} = ISO_{jt} \times (exports_{ij}/export_{it}) \quad (4.3)$$

其中，ISO_{jt}表示第 j 个大洲在 t 年的 ISO14001 认证数量；$exports_{ij}$表示第 i 个省（区、市）在 t 年对第 j 个大洲出口的数量；[②] $export_{it}$表示第 i 个省

---

① $regu_j = \frac{1}{n}\sum_i^n w_i \frac{g_j/x_{ij}}{G_0/X_{i0}}$，$w_i$ 是第 i 种资源消耗或污染排放绩效的权重；x_{ij}是第 j 个省（区、市）第 i 种资源消耗或污染排放总量；g_j为第 j 个省（区、市）的 GDP 总量；X_{i0}为全国第 i 种资源消耗或排放总量；G_0为全国的 GDP 总量。因此，上式中的分子和分母分别表示各省（区、市）和全国资源消耗强度或污染排放绩效。n 为所消耗的资源或所排放的污染物的种类数。那么，regu 实质上是一个地区 n 种资源消耗或污染物排放绩效与全国相应资源消耗或污染物排放绩效比值的加权平均，指数越大，说明环境规制程度越高；指数越小，说明环境规制程度越低。

② 在各省（区、市）的统计年鉴中，由于出口目的国存在一定差别，因此，本章没有采用具体的国家，而是以大洲为统计口径，虽然这样并不能完全消除由于统计口径不同造成的偏差，但可以大大缓解由于统计口径不同而造成的误差。

（区、市）t 年的出口总量。

（二）数据来源与描述性统计

本章基于中国 30 个省（区、市）2004 ~ 2011 年的面板数据展开研究。本章所使用的 30 个省（区、市）的企业 ISO14001 认证和 ISO 9000 认证数据来自中国合格评定国家认可委员会（www. cnas. org. cn），[①] 资源环境综合绩效指数来自中科院可持续发展战略研究组编著的《中国可持续发展战略报告：全球视野下的中国可持续发展（2012）》。其他数据主要来源于《新中国 60 年统计资料汇编》《中国统计年鉴》和各省（区、市）的统计年鉴，由于西藏数据缺失较多，故将其删除。另外，由于 FDI 和出口数据都是以美元标价，故本章根据美元对人民币年平均汇价，将 FDI 和出口数据折算成人民币。最后，为了最大限度地缓解异方差，本章对企业 ISO9000 认证数据、地区出口数据和环境规制数据取自然对数。主要变量的描述性统计如表 4 – 1 所示。

表 4 – 1　　　　主要变量的描述性统计

变量	样本量	均值	方差	最小值	最大值
*iso*14	240	946.06	1256.4	4	6841
*iso*90	240	8.14	1.09	5.09	10.27
export	240	15.81	1.65	12.04	19.65
*index*1	240	13.05	17.03	0	100
value	240	0.41	0.79	0.16	0.54
fdi	240	0.03	0.02	0	0.13
regu	240	5.14	0.62	3.90	7.02

（三）研究方法

各省（区、市）企业历年获得 ISO14001 认证是一个计数过程，适合

① 中国合格评定国家认可委员会是由国家认证认可监督管理委员会批准设立并授权的国家认可机构。

使用面板计数模型。基本的计数模型是假定在一定时期内，在给定影响因素的情况下，企业获得 ISO14001 认证服从泊松分布，然后使用最大似然估计法即可得到参数的一致估计量。但这要求企业 ISO14001 认证数据的期望与方差相等，而本章中，被解释变量的方差显著大于其期望（见表 4－1）。

如果被解释变量的方差明显大于期望，即存在“过度分散”，此时，尽管泊松回归依然是一致的，但负二项回归可能更有效率。另外，对于截面不可观察的异质性 η_i，面板数据有两种不同的对待方法：如果异质性因素与其他解释变量相关，则适合使用固定效应模型；反之，随机效应模型更为有效。在本章，由于样本非随机抽样，并且难以拒绝各省（区、市）不可观察的异质性因素与其他解释变量不相关，因此，采用固定效应模型更可靠。在具体的回归中，本章给出负二项回归（固定效应）的结果，为了比较回归结果，我们也汇报了面板泊松回归结果。本章使用的计量软件为 Stata 11. 2。

四、回归结果与分析

首先，考察自由贸易对中国各省（区、市）企业 ISO14001 认证的影响，具体结果如表 4－2 所示。

表 4－2　全国层面的回归结果

变量	(1)	(2)	(3)	(4)	(5)	(6)
	泊松回归	负二项回归	负二项回归	泊松回归	负二项回归	负二项回归
iso90	0. 329 *** (7. 76)	0. 632 *** (10. 58)	0. 626 *** (10. 32)	0. 779 *** (10. 99)	0. 397 *** (9. 27)	0. 788 *** (11. 53)
export	0. 207 *** (12. 94)	0. 245 *** (7. 51)	0. 242 *** (7. 12)			
*index*1	0. 055 *** (5. 32)	0. 061 ** (2. 41)	0. 062 ** (2. 44)	0. 042 (1. 62)	0. 044 *** (4. 09)	0. 049 * (1. 92)
Asia				－0. 093 * (－1. 83)	－0. 085 *** (－4. 25)	－0. 11 ** (－2. 19)
Africa				－0. 024 * (－1. 79)	－0. 014 *** (－2. 71)	－0. 017 (－1. 28)

续表

	(1)	(2)	(3)	(4)	(5)	(6)
	泊松回归	负二项回归	负二项回归	泊松回归	负二项回归	负二项回归
Euro				0.016 (0.68)	0.019** (2.13)	0.007** (2.29)
Latin				0.038 (1.53)	0.019* (1.75)	0.039 (1.56)
North				0.098** (2.31)	0.109*** (6.37)	0.088** (2.04)
Ocea				-0.040 (-1.28)	-0.046*** (-3.47)	-0.050 (-1.56)
regu	-0.413*** (-5.29)	-0.136 (-1.34)	-0.179 (-1.51)	0.140 (1.16)	-0.089 (-1.04)	-0.045 (-0.32)
fdi	-22.94*** (-7.93)	-19.92*** (-2.91)	-20.93*** (-3.03)	-11.26 (-1.49)	-12.60*** (-4.01)	-14.73* (-1.95)
regu×fdi	4.269*** (8.03)	3.688*** (2.93)	3.866*** (3.04)	2.052 (1.48)	2.318*** (3.99)	2.642* (1.91)
value	1.041*** (8.33)	0.609** (2.16)	0.592** (2.09)	1.013*** (3.41)	1.178*** (9.47)	0.927*** (3.11)
year	控制	控制	控制	控制	控制	控制
region	否	否	控制	否	否	控制
Cons	5.128*** (13.34)	-5.048*** (-11.93)	-4.694*** (-6.92)	-4.01*** (-4.84)	-2.652** (-2.51)	3.070*** (7.62)
Obs	240	240	240	240	240	240

注：括号内为 Z 值；***、** 和 * 分别表示 1%、5% 和 10% 的显著性水平。

（1）出口变量。从模型（1）~（3）可以看出，出口对企业采纳 ISO14001 认证数量有显著正向影响，本章的假设 1 得到验证。从回归结果看，出口总量每增加 1%，则该省（区、市）的企业采纳 ISO14001 认证数量将提高 0.2 个百分点，这表明，通过贸易方式嵌入全球价值链会促使中国企业改善其环境行为。可能的解释是，一些国外的购买方会严格要求发展中国家的供应方满足 ISO14001 认证的要求，在客户的要求下，原本对环境保护关注不多的发展中国家企业为了保持其在全球价值链中的地位和份额，以维持或增加向这些国家出口的数量，会被迫采纳 ISO14001 认证标准。另外，随着中国对外贸易总量的不断增长，许多中国企业在为国外客户生产和提供低附加值、资源消耗大、环境效率低的产品的同时，也受到来自发达国家针对产品环保问题的持续指责，而且随着出口贸易规模的不断增长，中国企业面临的环境保护压力也越来越大，这可能会促使出口带来的规模收益效应逐步向技术效应阶段过渡，即随着出口贸易深度和广度的拓展，中国出口企业更容易接触到前沿的清洁生产技术，进而促进其采纳 ISO14001 认证。

（2）公众环境关注度变量。负二项回归结果显示，在控制其他条件不变的情况下，公众环境关注度对企业 ISO14001 认证数有显著正向影响，本章的假设 4 得到验证。事实上，目前中国企业对环境保护等社会责任的履行还处于外部压力推动的阶段，尚未达到社会价值驱动阶段。这一结论也表明，中国企业对环境保护的态度除受源自政府正式环境规制的影响，还受国内公众对环境保护诉求的影响。社会规范、文化等非正式制度的强化与普及使人们对环境质量的要求逐渐提高（彭星等，2013），如果一个地区的环境污染超过了该地区居民的可承受范围，居民会通过上访或投诉给企业的环境管理施加压力，迫使政府采取更为严格的环境保护措施，同时也迫使高污染企业采取更为先进的管理和技术降低污染排放。因此，企业为了在未来的竞争中保持优势，就会通过获得 ISO14001 认证来展现其“绿色”形象。

（3）FDI 变量。在模型（1）~（6）中，负二项回归结果显示，FDI 变量系数显著为负，这似乎验证了“污染避难所”假说。然而，FDI 变量与正式环境规制变量的交互项却显著为正，说明 FDI 是否加剧了各省（区、市）环境恶化形势，依赖于各省（区、市）的正式环境规制，如果政府颁布并严格实施制定的环保政策，那么 FDI 的进入不仅不会对当地环境造成损害，反而会带来更为先进的节能环保技术，进而有利于改善当地企业的环境保护行为。本章的假设 3 也得到了证实。这一结论意味着，FDI 对中国环境的影响依赖于政府环境规制的强度。假如各省（区、市）在引进 FDI 的过程中执行了较为宽松的环境影响评价等政策，那么就可能造成高耗能、高污染的重化工业向中国大规模转移，进而不利于中国环境保护事业的发展；反之，FDI 对中国环境改善将有正向作用。

（4）出口目的地 ISO 认证数变量。在控制地区和时间虚拟变量后，从回归结果（6）可以看出，出口目的地对中国企业采纳 ISO14001 认证的影响具有差异性。与重视环境保护的发达国家的经贸联系积极显著地促进了ISO14001认证在中国的扩散与普及。具体而言，向欧洲和北美洲的出口对中国企业采纳ISO14001认证有显著正向作用，虽然向拉丁美洲出口变量的系数为正，但不显著。而向亚洲其他国家出口则对中国企业采纳ISO14001认证有显著负向影响。向非洲和大洋洲出口变量系数都不显著。因此，本章假设2得到部分证实。原因可能在于，由于世界其他国家或地区的经济发展水平并不完全一致，各国参与ISO14001认证的积极性也不相同，相对于中国，发达国家企业和消费者对ISO14001认证较为关注，进而对来自国外的产品是否符合国际环境标准也较为关心，中国企业在向这些国家或地区出口时会更倾向于通过ISO14001认证以满足消费者和发达国家的环境要求，以此保障其在全球价值链中的竞争力。

（5）ISO9000认证变量。回归结果表明，采纳ISO9000认证数量对企业采纳ISO14001认证有显著正向影响。本章这一结论与普拉卡什和波托西（Prakash and Potoskii，2006）、坦布雷特察（Tambunlertcha，2013）等已有研究结果相符。

（6）工业化程度变量。在负二项回归中该变量系数为正，并至少在1%水平上显著，表明工业化程度的提高有利于企业采纳ISO14001认证。可能的解释是，现阶段工业部门是推动中国国民经济增长的主要动力，一个地区的工业化程度越高，则该地区人均收入也将越高，而人均财富的进一步积累将提升人们的环保意识，最终会引起环境管制、清洁生产技术和清洁产品偏好等方面的结构性变化，从而提高企业采纳ISO14001认证的数量。

五、稳健性检验

为了增强本章结论的稳健性，我们采用以下三种方式进行检验。首先，已有研究表明，一个国家的收入水平与环境规制强度具有很强的相关性（Dasgupta et al.，2001），如许心鹏（Xu X.，2000a）发现，环境规制指标和GDP及GNP指标的相关系数高达0.86987和0.8553，并均在1%水平上显著。这意味着，环境规制强度是收入水平的内生变量。据此，本章使用人均 GDP（*pergdp*）作为环境规制强度的代理指标。其次，关于国内非正式环境规制，除在互联网上表达对环境问题的关注之外，人们还可能会通过信访的途径来表达其对环境规制的态度或意愿，如达斯古普塔和惠勒（Dasgupta and Wheeler，1997）曾使用公众对当地环境问题的信件数量来度量公众对环境的关注程度。基于此，本章使用《中国环境统计公报》中的环境信访量（*index*2）来代理国内非正式的环境规制。最后，按照惯常的区域划分方法，将样本分为东部、中部和西部三个子样本，再分别进行回归。具体检验结果见表 4－3。从表 4－3 中不难发现，稳健性分析的结果证实本章的研究结论是可靠的。

表 4－3　　稳健性检验结果

变量	（7）全国	（8）全国	（9）全国	（10）东部	（11）中部	（12）西部
	负二项回归	负二项回归	负二项回归	负二项回归	负二项回归	负二项回归
*iso*90	0.121** （2.29）	1.316*** （2.76）	0.202*** （2.73）	0.016*** （6.17）	0.014*** （6.06）	0.056*** （7.98）
export	0.132*** （6.10）	0.079*** （4.16）		0.022*** （6.15）	0.015*** （4.36）	0.458*** （8.84）
*index*2	0.002*** （2.69）	0.127* （2.13）	0.016* （1.94）	0.069*** （5.52）	0.051* （2.12）	0.517 （1.42）
Asia			0.261 （0.57）			
Africa			−0.511 （−0.04）			
Euro			0.749*** （8.19）			
Latin			0.918 （0.61）			
North			0.100* （2.10）			
Ocea			0.189 （0.72）			
pergdp		2.325*** （3.96）	0.333*** （3.70）			
fdi	−1.379** （−2.17）	−0.547*** （−11.53）	−0.825*** （−4.59）	0.988** （2.39）	−0.0236 （−1.18）	−0.0451 （−0.30）

续表

变量	(7) 全国	(8) 全国	(9) 全国	(10) 东部	(11) 中部	(12) 西部
	负二项回归	负二项回归	负二项回归	负二项回归	负二项回归	负二项回归
pergdp × *fdi*		0. 401 * (2. 13)	0. 270 *** (8. 73)			
value	0. 021 (1. 43)	0. 224 (0. 58)	0. 009 (0. 37)	0. 204 *** (5. 26)	0. 715 *** (4. 34)	-0. 651 *** (-4. 42)
regu	-2. 023 *** (-3. 35)			0. 521 * (1. 93)	0. 814 (1. 56)	-8. 493 *** (-7. 95)
regu × *fdi*	0. 025 * (1. 77)			0. 778 *** (2. 72)	0. 968 * (1. 81)	0. 164 *** (8. 66)
year	控制	控制	控制	控制	控制	控制
region	控制	控制	控制	否	否	否
Cons	-14. 13 *** (-3. 28)	-4. 646 *** (-4. 45)	-2. 712 *** (-4. 23)	-3. 184 ** (-2. 00)	-4. 851 *** (-6. 32)	0. 179 (1. 33)
Obs	240	240	240	88	64	88

注：括号内为 *Z* 值；*** 、** 和 * 分别表示 1% 、5% 和 10% 的显著性水平。

六、结论与政策含义

本章采用 2004 ~ 2011 年中国 30 个省（区、市）的面板数据，使用面板计数模型，实证检验了通过价值链传递的非正式环境规制对企业 ISO14001 认证的影响。结果表明：（1）出口与企业采纳 ISO14001 认证存在显著正向关系，这表明，通过全球价值链传递的国外非正式规制有利于中国企业环保行为的改善；（2）国内公众环境关注度能有效推动企业贯标 ISO14001；（3）其他条件不变，贸易目的地 ISO14001 认证数的反向溢出效应有差异性，出口到欧洲和北美洲对企业采纳 ISO14001 认证有积极作用；（4）FDI 和正式环境规制的交互项与企业采纳 ISO14001 认证显著正相关，说明 FDI 对东道国环境的影响依赖于东道国环境规制水平。

本章的启示在于：首先，全球化背景下，在许多中国企业还不能主动把自己的发展观念提升到人与自然和谐发展中时，通过来自第三方的干预可以促使企业改变其环境行为。当然，企业环境行为的改变不能一蹴而就，除受技术制约和影响外，还受经济制度和文化价值等多重因素的影响。其次，国内环境保护事业的发展离不开公众的参与，在加强对企业环境保护监管的同时，应通过相应的制度改革，引导公众正确参与环保活动，以弥补正式环境规制的不足。再其次，FDI 对一国环境的影响取决于该国环境规制水平，因而贸易对环境的影响效应各不相同，那么，在中国环境规制水平不断提升和政府政绩考核目标改革的情况下，随着时间的推移，贸易将通过规模收益效应和技术效应对中国环境产生正向影响。最后，改革现行以加工贸易为主的出口导向型贸易政策，转变以低成本劳动力、资源、环境等要素支撑的粗放出口模式。

本章的不足之处是，受制于数据统计问题，本章没有对各省（区、市）在全球价值链所处的位置与企业 ISO14001 认证的关系进行分析，对出口目的地的划分也存在一定的主观判断，从而未能深入分析中国企业 ISO14001 认证的影响因素。这些都有待于进一步研究。

第五章

环境规制与出口：来自三维面板数据的证据*

一、引　言

近几十年，中国式发展奇迹受到了国际的广泛关注，但是与之相伴的环境污染问题也广受诟病。污染问题越来越严重，引发了公众对经济、社会与健康问题的广泛担忧，环境保护的呼声日益强烈。特别是2013年以来，爆发性的空气污染问题将环境规制问题推上了风口。政府通过环境污染物排放总量控制、征收治污费、对污染活动进行行政处罚等诸多政策进行环境规制，但是，关于环境规制与出口的相关研究并未达成一致性认识。

关于环境规制对于出口的影响，主要有三种观点。一是基于污染避难所效应的不利论，认为污染成本是企业生产的一个重要因素，如果企业污染成本很小，说明生产者能够充分利用这一生产要素。而严格的环境规制会加大企业生产成本，削弱其国际竞争力，故环境规制宽松的地区对企业有着更大的吸引力（Markusen et al.，1993；Christmann and Taylor，2001；Pavelin and Porter，2011；Bu et al.，2013；Bu and Yang，2014）。二是基于诱发创新理论的有利论，认为环境规制会倒逼企业创新，积极采用绿色技术，生产清洁产品，减少国际贸易的技术壁垒，获取比较优势，最终有利

* 卜茂亮、李双、张三峰：《环境规制与出口：来自三维面板数据的证据》，载于《国际经贸探索》2017年第33卷第9期。

于出口（Porter and Van Der Linde，1995）。也有观点认为，在环境规制强度不断加大的同时，企业生产的“清洁度”也会得以提高，环境规制并未对中国制造业的国际竞争力产生不利影响，相反，波特假说的双赢效应能够被证实（张三峰，2011；张三峰、卜茂亮，2011）。三是考虑“创新补偿效应”与“遵循成本”等综合因素的合力作用（Greenstone et al.，2012；张成等，2011）。近些年，越来越多的学者认识到污染避难所效应与诱发创新的综合作用，使“竞次”与“竞优”双重效应同时存在（Kolk，2016；Bu and Wagner，2016）。当环境规制所激发的技术创新正向效应大于企业达到环境标准的成本投入时，环境规制将有助于发挥积极的出口效应。

基于上述观点，国内学者从行业或地区等角度对我国环境规制与出口之间的关系进行了研究。由于环境规制指标选择的不同，且大部分研究集中于污染行业，实证结果并不一致。傅京燕和赵春梅（2014）发现了严格的内生环境规制可以显著提升五类污染密集型行业的出口比较优势，而外生环境规制影响并不一致，证实了考虑环境规制指标内生问题的重要性。陆旸（2009）认为外生环境规制并没有影响五类污染密集型商品的比较优势，而内生环境规制对特定行业出口有一定的促进作用。此外，一些学者从微观企业角度，证实了环境规制对企业出口竞争力有着正向显著的影响。例如，申萌等（2015）通过对“十一五”期间“千家企业节能行动”的出口效应分析发现，合理的环境规制政策可以达到节能减排和促进企业出口的“双赢”。王杰和刘斌（2016）分析了环境规制对于中国企业出口表现的影响，发现命令控制型环境规制工具对中国企业出口有着更强的促进作用。环境规制与出口关系研究结果的不一致性可能在于：（1）环境规制指标选择存在问题。由于环境污染程度在不同区域和不同行业间很难界定，缺乏统一标准，因而环境规制的测度难以准确可比（Brunel and Levinson，2013）。目前国内可以直接用来衡量各地区间环境规制的数据相对匮乏，大部分学者采用替代指标或构建指标度量环境规制，但是这些指标不可避免地存在内生性问题。（2）环境规制在地区、行业或企业主体间存在异质性。（3）产业样本集中于污染性行业，存在选择性偏误。因为污染性行业不易迁移，对地理区位不敏感，自然资源密集度高且技术创新难度更大，所以只关注环境规制对于污染性行业的影响可能会导致结果的偏误（傅京燕，2009）。

基于以上分析，本章意在探讨环境规制对于出口的影响，将行业特征与地区规制同时纳入分析框架中，充分考虑了地区规制差异性与行业异质性，研究发现，环境规制可以促进行业出口，且环境规制对于清洁行业的影响效应更为显著；而在污染性行业中，人均 GDP 与出口呈“U”型关系，表明适度的环境规制最终也将促进污染性行业的出口。相比于以往的研究，本章选取“十一五”期间全国主要污染物排放总量控制计划作为环境规制政策。这一政策在提供了衡量环境规制准确指标的同时，也保证了环境规制政策地区间的可比，避免了指标选择的偏差。此外，本章比较了环境规制对于污染性行业与清洁性行业的差异性影响，减少了样本选择的偏误。本章通过对环境规制的出口效应分析，有助于厘清环境规制与出口之间的关系，为实现环境规制与促进行业出口的“双赢”局面提供理论依据。

二、政策背景

随着我国经济社会的高速发展，环境污染问题日益成为实现经济可持续发展的重大挑战，严峻的环境问题也得到了政府的广泛关注，有关环境规制政策陆续出台。“十一五”期间细分量化、各地方政府层层到位的减排目标为后续环境规制的有效开展、协调环境规制与经济发展之间的关系提供了宝贵的经验与借鉴。本章选取“十一五”（2006~2010 年）作为考察期间，一方面是因为细化的环境规制数据容易获取；另一方面，“十一五”期间减排任务的稳步推进、超额完成，证实了这一环境规制政策的有效性，对政策研究更具有实践意义。

“十一五”期间全国主要污染物排放总量控制计划很好地解决了环境规制指标衡量的问题，受到越来越多学者的关注（Lin and Sun，2016；Wu et al.，2017）。在《国民经济和社会发展第十一个五年规划纲要》中，中央政府明确了经济发展的环境目标。具体而言，在 2010 年二氧化硫（SO_2）和化学需氧量（COD）的排放量相比于 2005 年水平要下降 10%。为了达成这一目标，中央政府将污染物排放总量控制计划量化到各个省份。环保部与国家发展和改革委员会发布了《“十一五”期间全国主要污染物排放总量控制计划》，指定减排目标，并在省级分配。各个省份的减排目标是基于地区经济发展水平、工业结构、环境污染状况和最大减排潜力等众多因素考虑，由中央政府与地方政府协商决定。为了辨析地区环境规制的差异性，本章将我国31个省（区、市）分为5个地区，分别是沿海（*coastal*）、东北（*northeast*）、中部（*central*）、西南（*southwest*）和西北（*northwest*），各个地区具体的减排目标见表5－1。中央政府要求从2006年起，环保总局、统计局和发展改革委每半年向社会公布各地区COD与SO_2排放情况，并会同有关部门进行年度检查与考核，2010年进行期末考核并公示。为了实现地区减排目标，各地政府必须采取相应的环境规制政策，如征收污染税费、指导工业发展等以减少省内污染物的排放，这种“自上而下”的减排目标代表了环境规制的严厉程度与各地区环境规制的差异。由于明确的减排目标与强有力的规制措施，“十一五”期间环境规制政策有效控制了主要污染物COD与SO_2的排放量，减排目标提前完成，相比于2005年水平，到2010年底，COD与SO_2排放量分别减少了12.4%和14.3%。

表5－1　“十一五”期间我国各省主要污染物排放总量控制计划

地区		“十一五”期间COD排放量减少（%）	“十一五”期间SO_2排放量减少（%）
Region＝1（沿海）	海南	0	0
	广东	15	15
	山东	14.9	20
	福建	4.8	8
	浙江	15.1	15
	江苏	15.1	18
	上海	14.8	25.9
	河北	15.1	15
	天津	9.6	9.4
	北京	14.7	20.4
Region＝2（东北地区）	黑龙江	10.3	2
	吉林	10.3	4.7
	辽宁	12.9	12
Region＝3（中部地区）	湖南	10.1	9
	湖北	5	7.8
	河南	10.8	14
	江西	5	7
	安徽	6.5	4
	山西	13.2	14

续表

地区		“十一五”期间 COD 排放量减少（%）	“十一五”期间 SO_2 排放量减少（%）
Region =4（西南地区）	云南	4.9	4
	贵州	7.1	15
	四川	5	11.9
	重庆	11.2	11.9
	广西	12.1	9.9
Region =5（西北地区）	新疆	0	0
	宁夏	14.7	9.3
	青海	0	0
	甘肃	7.7	0
	陕西	10	12
	西藏	0	0
	内蒙古	6.7	3.8

三、计量模型与数据说明

（一）计量模型构建

本章基于“十一五”期间（2006～2010 年）地区、行业与时间的三维数据，研究环境规制对于行业出口的影响，将环境规制变量及其与行业污染密度的交互项纳入模型中，考虑影响环境规制出口效应的一系列变量，并控制地区、行业与时间的固定效应，建立多维计量模型：

$$Export_{ijt} = \alpha + \beta ER_j + \gamma ER_j \times PI_{it} + \theta Controls + \lambda_i + \delta_j + \mu_t + \varepsilon_{ijt} \tag{5.1}$$

其中，i、j 和 t 分别代表行业、地区和年份；*Export* 是因变量，表示各省（区、市）各个行业的出口交货值；*Controls* 代表控制变量，在后面会详细介绍；α、β 和 γ 是估计系数；λ_i、δ_j 与 μ_t 分别是行业、地区与时间的固定效应；ε_{ijt}是随机干扰项。除了用“十一五”期间各省（区、市）减排目标作为环境规制变量外，本章还在稳健性检验中采用治污成本作为环境规制的替代变量。通过在模型（5.1）中加入多个交互项作为控制变量，并控制地区、行业与时间三个维度的固体效应以解决不可观测的异方差问题。

（二）变量选取与衡量

1. 环境规制

本章的核心自变量是环境规制，用 *ER* 表示，代表各省（区、市）环境规制的严厉程度。目前，环境规制主要有以下五种衡量方法：一是直接用环境规制政策的规制变量（申萌等，2015；Wu et al.，2016）；二是用主要污染物的排污费情况（Chen et al.，2014）；三是用不同污染物的排放密度（Xu，2000）；四是用人均收入水平；五是用治理污染的成本即总投资与产值（或增加值）的比例（张成等，2011；董敏杰等，2011）。尽管环境规制政策直接提供的指标为研究环境规制相关问题提供了便利，但是目前国内缺乏系统且细分度量、便于直接使用的环境规制指标。同时，考虑到单一指标并不能完全代表环境规制水平，综合指数方法广泛被国内学者所采用。主要做法是选取废水排放达标率、二氧化硫去除率、烟尘去除率、粉尘去除率和固体废弃物综合利用率 5 个单项指标来测算环境规制，构建环境规制的综合测量体系，用以衡量环境规制的综合绩效（李玲和陶锋，2012；傅京燕和赵春梅，2014）。

而不同于以往研究所选取的环境规制指标，本章采用了“十一五”期间各省 COD 和 SO_2 的约束性指标。采用这一指标有如下考虑因素：（1）“十一五”期间全国各地对于主要污染物 COD 和 SO_2 排放量减少量有着明确的规定。不同于以往各地政府对于环境规制的相对自由使环境规制在地区间难以比较，这一总量排放控制指标由中央根据各地经济发展水平、环境现状等诸多因素综合考虑而设置，在各地之间具有可比性。（2）这一指标细分 COD 和 SO_2 的不同规制，我们可以利用细分指标研究其对于出口的不同影响。（3）指标的相对外生。这一指标是由中央统筹制定的，自上而下，层层细分，统一验收。艾德林顿和米尼尔认为，污染行业或企业的游说团体会给环境规制政策带来十分不利的影响，这也导致了环境规制的内生性问题（Ederington and Minier，2003）。过去各地区各自制定的环境规制政策存在很大的不确定性，为了吸引外资，各省份会做出“环境退让”（Chen et al.，2014），加之相关利益集团的游说，环境规制政策偏向性严重，规制效果大打折扣。而“十一五”期间 COD 和 SO_2 的约束性指标是中央下达给各级地方政府的硬性指标，2010 年统一进行期末考核并公示，减少了政策的不确定性。同时，这一指标在“十一五”开始之前确定，其间并不会变更，缓轻了反向因果问题，保证了环境规制的相对外生。本章的环境规制为 ER_COD 和 ER_SO_2，分别代表各个省份对于污染物 COD 与 SO_2 排放的总量控制。在后面的稳健性检验中，采用了污染治理成本 ER_cost 作为 ER_COD 和 ER_SO_2 的替代指标。

2. 行业异质性与其他控制变量

近年来，越来越多的学者认识到行业异质性可能会导致环境规制对出口效应的不同影响。其中，环境规制对于不同污染密集度行业的出口影响成为诸多研究的关注重点。傅京燕和李丽莎（2010）通过分析我国制造业面板数据发现，我国污染性行业并不存在出口竞争优势。同时，污染密集型行业有着更高的技术要求，更高的“遵循成本”，因而环境规制对其行业出口影响将不同于有着更低“遵循成本”的清洁行业，更加严格的环境规制将不利于污染性行业的出口。这一结论也得到了李玉楠和李廷（2012）的证实。然而，环境规制的“创新补偿效应”可以弥补“遵循成本”，环境规制的出口效应的关键在于“创新补偿效应”的大小（张成等，2011）。换言之，环境规制的出口效应受技术水平、行业结构的影响。行业科技水平越高，环境规制倒逼技术创新的潜力越大，最终提升行业出口优势。而行业外资占比越高，外资所带来的更先进的技术将发挥更大的溢出效应，本土企业通过模仿、学习、创新，增强了自身出口竞争力，扩大了出口（Eskeland and Harrison，2003；Blalock and Gertler，2008）。此外，环境规制的出口效应一定程度上受地区要素优势的影响，而我国沿海、内陆、西部等地要素禀赋差异巨大，出口表现不同，因而纳入地区控制变量及控制地区、行业固定效应十分必要。基于上述分析，本章模型选取下列变量。

（1）行业污染密度（*PI*）。为考虑行业污染水平的异质性，本章将不同行业的污染密集度 *PI* 与环境规制的交互项纳入模型中分析。本章的环境规制采用 COD 和 SO_2 的细分约束性指标，所以行业污染密度也采用行业主要污染物细分变量。根据《国民经济行业分类》（2002 年）选取了 30 个制造业行业，标准化行业 COD 与 SO_2 年排放总量，计算出各行业 COD 与 SO_2 的单位产值污染排放量后求其平均值，得到两个行业污染密度指标：行业平均 COD 排放量和行业平均 SO_2 排放量。由于行业 SO_2 排放量与行业煤炭使用量呈现出显著的正向关系，本章将行业平均煤炭使用量也作为衡量各个行业污染密度的另一个指标。此外，本章稳健性检验中，参考傅京燕和赵春梅（2014）的做法，采用主要污染物线性标准化后等权重平均的方法计算行业污染总强度。通过构建多维度行业污染密集度，分析环境规制对不同地区间不同污染密集度行业出口的影响，进一步研究环境规制对于污染性行业与清洁行业出口的差异效应。

（2）控制变量。首先，地区收入水平与环境规制严厉程度高度相关，且十分显著（Xu，2000）。陆旸（2009）、傅京燕和赵春梅（2014）在各自的研究中均考虑了人均 GDP 这一内生环境规制指标对于出口的影响。人均 GDP 上升，环境规制更加严格，一方面增加了企业的生产成本；另一方面倒逼企业创新，为企业创造了更好的国际形象，增强其竞争力，所以将各省人均 GDP（*gdppc*）及其二次项（*gdppc^2*）纳入模型中，分析其对行业出口影响的不确定性。其次，环境规制的出口正向效应关键在于“创新的补偿效应”，即行业的科技水平在环境规制中的正向作用，所以将行业科技水平（*HR*）用行业科技活动人员在就业总人数的占比来表示，纳入本章分析框架中。再其次，考虑到我国 2000 年以来的“西部大开发”战略和中西部地区较弱的环境规制，污染性行业向西迁移，使环境规制与出口之间的关系受到其他地区因素的影响。同时，各地区要素禀赋不同，其出口表现存在差异。考虑地区差异性，将我国各省（区、市）划分为 5 类，分别是沿海（*coastal*）、东北（*northeast*）、中部（*central*）、西南（*southwest*）和西北（*northwest*），并按 1 ~5 依次赋值（见表 5 -1）。最后，不同行业间外资占比存在差异，外资技术溢出及更强的国际市场联系，使环境规制的出口效应表现不同。本章用变量 *foreign* 来衡量各个行业外资所占比例。以上所有变量均以其对数形式表示。

（三）数据来源

本章以“十一五”期间主要污染物 COD 与 SO_2 减排目标作为环境规

制指标，所以选取年份的区间是 2006 ~ 2010 年。因变量各省（区、市）各个行业出口交货值来自国研网的工业统计数据库。核心自变量环境规制（ER_COD 和 ER_SO_2）均来自“十一五”期间全国化学需氧量和二氧化硫排放总量控制计划表。各个行业污染密度变量行业平均 COD 排放量（*indus*_cod）、行业平均 SO_2 排放量（*indus*_so_2）与行业平均煤炭使用量（*indus*_coal）数据分别来自 2007 ~ 2011 年《中国环境统计年鉴》和《中国能源统计年鉴》。人均 GDP 数据来自 2007 ~ 2011 年各省统计年鉴。行业科技水平（*HR*）来源于 2007 ~ 2011 年《中国科技统计年鉴》并经计算得到。而行业外资占比（*foreign*）数据来自 2007 ~ 2011 年《中国工业统计年鉴》。

四、实证结果与分析

（一）环境规制的出口效应分析

本章采用 31 个省（区、市）30 个制造业数据，共计 4650 个观测值（行业外资占比存在 62 个缺失值，总样本 4588 个），分析地区环境规制对于行业出口的影响。表 5－2 报告了利用全部样本对模型（5.1）的回归结果。在表 5－2 中，第 1 ~ 4 列报告了细分环境规制指标 ER_COD 对于出口的影响；第 5 ~ 12 列报告了细分环境规制指标 ER_SO_2 对于出口的影响，其中第 5 ~ 8 列中行业污染密度指标选取的是行业平均二氧化硫排放量（*indus*_so_2），第 9 ~ 12 列行业污染密度选取的是行业平均煤炭使用量（*indus*_coal）。在第 1 ~ 2、第 5 ~ 6、第 9 ~ 10 列，我们并未控制地区、行业与时间的固定效应，对 COD 与 SO_2 的环境规制与出口均呈现出显著的正向关系，环境规制对于出口有着推动作用。同时，人均 GDP（*gdppc*）系数为正，其二次项（*gdppc*^2）系数为负，说明人均 GDP 与出口呈倒“U”型关系，在一定范围内的环境规制有助于出口。但是，当我们控制了地区、行业、时间固定效应时，人均 GDP 与出口之间并无显著性关系，交互项 $ER \times PI$ 也呈现出完全不同的结果，说明个体效应是我们不能忽视的问题，环境规制对于污染性行业与清洁行业出口可能有着不同的影响，这也为本章接下来的分行业样本回归提供了思路。

表 5-2　　环境规制对出口的影响

ER	ER_COD				ER_SO₂							
PI	indus_cod				indus_so₂				indus_coal			
	1	2	3	4	5	6	7	8	9	10	11	12
ER	0.450 *** (0.013)	0.624 *** (0.029)	0.374 *** (0.021)	0.358 *** (0.100)	0.335 *** (0.010)	0.493 *** (0.026)	0.276 *** (0.016)	0.273 *** (0.073)	0.315 *** (0.011)	0.462 *** (0.026)	0.278 *** (0.016)	0.271 *** (0.073)
ER×PI	-0.0008 *** (0.000)	-0.0008 *** (0.000)	-0.0002 (0.000)	-0.0002 (0.000)	0.0005 ** (0.000)	0.0003 (0.000)	-0.0005 ** (0.000)	-0.0003 (0.000)	0.095 *** (0.016)	0.082 *** (0.016)	-0.033 * (0.018)	-0.013 (0.018)
gdppc		16.25 *** (3.644)		-5.551 (5.046)		44.45 *** (3.851)		-5.462 (5.044)		44.10 *** (3.841)		-5.46 (5.045)
gdppc^2		-0.785 *** (0.182)		0.303 (0.265)		-2.197 *** (0.194)		0.298 (0.264)		-2.180 *** (0.193)		0.298 (0.264)
ER×HR		-0.042 *** (0.008)		0.027 *** (0.006)		-0.033 *** (0.007)		0.025 *** (0.006)		-0.025 *** (0.007)		0.025 *** (0.006)
ER×region		-0.097 *** (0.005)		-0.1 *** (0.020)		-0.07 *** (0.005)		-0.09 *** (0.016)		-0.07 *** (0.005)		-0.089 *** (0.016)
ER×foreign		-0.004 (0.007)		0.01 ** (0.005)		-0.005 (0.006)		0.007 * (0.004)		-0.004 (0.006)		0.008 * (0.004)
Constant	5.039 *** (0.136)	-77.62 *** (18.240)	7.433 *** (0.314)	32.9 (24.620)	5.739 *** (0.113)	-217.8 *** (19.150)	7.373 *** (0.313)	32.39 (24.620)	5.739 *** (0.112)	-216.1 *** (19.100)	7.352 *** (0.314)	32.38 (24.620)
Fixed effect	No	No	Yes	Yes	No	No	Yes	Yes	No	No	Yes	Yes
Observations	4650	4588	4650	4588	4650	4588	4650	4588	4650	4588	4650	4588
R-squared	0.197	0.308	0.714	0.719	0.217	0.299	0.714	0.719	0.221	0.303	0.714	0.719

注：*、** 和 *** 分别表示参数估计值在 10%、5% 和 1% 水平上显著；括号内是标准误。

在表5－2中，第3～4列、第7～8列、第11～12列我们控制了省份、行业与时间的固定效应，并逐步加入控制变量。结果显示，对于COD与SO_2的环境规制都显著促进了行业的出口。环境规制的加强，倒逼企业技术升级，生产更加清洁、绿色的产品，减少了产品出口的技术壁垒与绿色壁垒，出口优势得以加强。而环境规制与行业污染密度的交互项显著性水平较低，且在加入控制变量后并无显著性关系。而$ER \times HR$系数显著为正，说明对于科技水平越高的行业，其创新能力越强，所获得创新补偿效应越大，越有助于出口。$ER \times region$系数显著为负，证实了我国东部沿海地区由于优越的地理区位和较高的经济发展水平，出口也相应更多。一般而言，外资占比较高的行业，其技术水平也相对较高，生产更加高效清洁。同时，外资与国际市场联系更为紧密，使外资占比更高的行业出口也更具有竞争力，所以$ER \times foreign$系数为正。

（二）污染性行业与清洁行业分样本回归分析

以往的国内有关环境规制与出口关系的研究更多地集中于污染性行业，这带来了一定的选择性偏误。本部分通过污染性行业与清洁行业的分样本回归，分析环境规制对于不同污染密度行业出口的影响。借鉴巴斯（Busse，2004）、陆旸（2009）、傅京燕和赵春梅（2014）对污染性行业与清洁行业的划分，本章选定非金属矿物制品业、造纸及纸制品业、黑色金属冶炼及压延加工业、有色金属冶炼及压延加工业、化学原料及化学制品制造业5个污染性行业（high *PI* industry）。同时选定了通信设备、计算机及其他电子设备制造业、电气机械及器材制造业、文教体育用品制造业、家具制造业、印刷业和记录媒介的复制5个清洁行业（low *PI* industry）。

在表5－3中，第1～3列报告了污染性行业的回归结果，其中第1列和第2～3列分别报告了有关COD与SO_2的环境规制对于污染性行业出口的影响。第2列、第3列的行业污染密度分别选取的是行业平均SO_2排放量（$indus\_so_2$）和行业平均碳使用量（*indus*_coal）。而第4～6列报告了清洁行业的回归结果，基本思路与污染性行业一样。环境规制对污染性行业与清洁行业出口的影响存在明显不同，无论是ER_COD还是ER_SO_2的环境规制，其对污染性行业出口并没有显著的影响，而对清洁行业的影响与

表5-2总体样本回归结果一致，呈现出正向的促进作用。同时，人均GDP与污染性行业出口呈现“U”型关系，而对清洁行业出口并无显著影响。这一结果与李玉楠和李廷（2012）关于污染密集产业的研究结果保持一致，原因可能是环境规制对出口的影响关键在于“遵循成本”与“创新补偿效应”的合力作用。对于污染性行业而言，其遵循环境标准成本较大，且“十一五”期间各省（区、市）严格的环境规制进一步加大了其“遵循成本”。而陈诗一（2010）的研究发现环境规制初期会不利于工业部门的技术进步，但是长期却有着推动作用，能够提高产出，加大出口。这表明，在严格的环境规制下污染性行业的“创新补偿效应”并不能弥补其“遵循成本”，所以环境规制并未对污染性行业的出口产生促进作用。这一结果也证实了李宏兵和赵春明（2013）的研究，他们基于不同行业差异性和传统的出口优势部门非一致分布的考虑，认为严格的环境规制对清洁行业的影响大于污染性行业。从人均GDP与出口的关系来看，尽管在初期严格的环境规制对污染性行业的出口有着负面影响，但在拐点之后，环境规制将促进污染性行业的出口。原因可能在于张成等（2010）所发现的科技创新与环境规制的“U”型关系，适度高标准的环境规制能够促进技术创新，进而促进行业出口。与污染性行业相比，清洁行业对于环境标准并不敏感，其遵循成本较低，且能够充分享受到环境规制所带来的正外部性，进入国际市场的绿色壁垒减少，进而出口贸易更具优势。行业科技水平越高，创新补偿效应越大，行业出口越多。而行业外资占比对出口的影响也与表5-2的结果一致，通过外资与国际市场联系的便捷，对行业出口产生正向影响。

表5-3　　环境规制对污染性行业与清洁行业出口的影响

ER	high *PI* industry			low *PI* industry		
	*ER*_COD	*ER*_SO_2		*ER*_COD	*ER*_SO_2	
PI	*indus*_cod	*indus*_so_2	*indus*_coal	*indus*_cod	*indus*_so2	*indus*_coal
	1	2	3	4	5	6
ER	0.186 (0.198)	0.0808 (0.147)	0.15 (0.147)	0.545** (0.224)	0.461*** (0.162)	0.341** (0.162)
ER×*PI*	-0.0002 (0.000)	0.0003 (0.001)	-0.058 (0.036)	-0.148** (0.061)	-0.131*** (0.040)	0.158 (0.437)
gdppc	-23.07** (10.000)	-22.88** (10.000)	-23.01** (9.989)	12.36 (10.620)	12.16 (10.600)	12.16 (10.670)

续表

ER	high *PI* industry			low *PI* industry		
	*ER*_COD	*ER*_SO_2		*ER*_COD	*ER*_SO_2	
PI	*indus*_cod	*indus*_so_2	*indus*_coal	*indus*_cod	*indus*_so2	*indus*_coal
	1	2	3	4	5	6
gdppc^2	1.184 ** (0.524)	1.175 ** (0.525)	1.183 ** (0.524)	-0.584 (0.558)	-0.573 (0.556)	-0.572 (0.560)
ER × *HR*	0.024 (0.015)	0.021 * (0.012)	0.017 (0.012)	0.042 *** (0.014)	0.044 *** (0.012)	0.031 ** (0.013)
ER × *region*	-0.026 (0.041)	0.013 (0.033)	0.014 (0.033)	-0.188 *** (0.043)	-0.202 *** (0.035)	-0.201 *** (0.035)
ER × *foreign*	0.024 ** (0.010)	0.016 ** (0.008)	0.016 ** (0.008)	0.045 ** (0.021)	0.029 (0.018)	0.042 ** (0.017)
Constant	115.6 ** (48.800)	114.3 ** (48.810)	114.6 ** (48.730)	-59.01 (51.780)	-58.39 (51.640)	-58.88 (52.010)
Fixed effect	Yes	Yes	Yes	Yes	Yes	Yes
Observations	763	763	763	775	775	775
R - squared	0.759	0.759	0.76	0.832	0.833	0.83

注：*、** 和 *** 分别表示参数估计值在10%、5%和1%水平上显著；括号内为标准误。

（三）稳健性检验

为了得到环境规制与出口关系的无偏估计，本部分将行业污染密度（*PI*）替换成三个虚拟变量进行稳健性检验。具体做法是：生成一个二元虚拟变量 *Dummy*_COD，若行业平均 COD 排放量处于其中位数以上，则为 1，否则为 0。同理，生成一个二元虚拟变量 *Dummy*_SO_2，若行业平均 SO_2 排放量处于其中位数以上，则为 1，否则为 0。最后一个二元虚拟变量 *Dummy*_coal 与之相似，若行业平均煤炭使用量处于中位数以上，则为 1，否则为 0。所以，我们得到了三个行业污染密度（*PI*）的变量：*Dummy*_COD、*Dummy*_SO_2 与 *Dummy*_coal，将其分别与环境规制 *ER*_COD 与 *ER*_SO_2 交互放入模型（5.1）中回归，结果见表 5-4。

表 5 – 4　　稳健性检验（变量替换）

变量	*ER*_COD		*ER*_SO_2				ER_Cost
PI	*Dummy*_COD		*Dummy*_SO_2		*Dummy*_coal		行业污染总强度
	1	2	3	4	5	6	7
ER	0. 392 *** (0. 022)	0. 371 *** (0. 101)	0. 298 *** (0. 016)	0. 297 *** (0. 073)	0. 284 *** (0. 016)	0. 280 *** (0. 073)	1. 183 ** (0. 595)
ER × PI	–0. 041 *** (0. 016)	–0. 027 * (0. 016)	–0. 061 *** (0. 012)	–0. 046 *** (0. 012)	–0. 033 *** (0. 012)	–0. 023 ** (0. 012)	–0. 146 (0. 227)
gdppc	–5. 56 (5. 045)		–5. 424 (5. 037)		–5. 459 (5. 043)	–6. 351 * (3. 327)	
gdppc^2		0. 303 (0. 264)		0. 296 (0. 264)		0. 298 (0. 264)	0. 346 ** (0. 173)
ER × HRi		0. 025 *** (0. 007)		0. 021 *** (0. 006)		0. 024 *** (0. 006)	–0. 026 (0. 020)
ER × region		–0. 099 *** (0. 020)		–0. 089 *** (0. 016)		–0. 089 *** (0. 016)	–0. 289 ** (0. 134)
ER × foreign		0. 010 ** (0. 005)		0. 007 * (0. 004)		0. 007 * (0. 004)	–0. 049 (0. 030)
Constant	7. 598 *** (0. 321)	33. 04 (24. 620)	7. 705 *** (0. 317)	32. 44 (24. 580)	7. 251 *** (0. 317)	32. 29 (24. 610)	45. 31 *** (16. 710)
Fixed effect	Yes	Yes	Yes	Yes	Yes	Yes	Yes
Observations	4650	4588	4650	4588	4650	4588	3411
R – squared	0. 715	0. 719	0. 716	0. 72	0. 715	0. 719	0. 717

注：*、** 和 *** 分别表示参数估计值在 10%、5% 和 1% 水平上显著；括号内为标准误。

表 5 – 4 中第 1、3、5 列只考虑了环境规制对出口的影响，第 2、4、6 列加入了控制变量，结果全部表明环境规制对出口有着正向影响，同时环境规制与行业污染密度的交互项结果显著为负，表明环境规制对于污染性行业出口具有负面影响。其他控制变量的结果与表 5 – 2 结果一致。此外，尽管“十一五”期间各地区主要污染物 COD 和 SO_2 的约束性指标相对可比外生，但是仍旧无法完全避免内生性问题。故在第 7 列，用各地区治污成本 *ER*_cost 即各省工业治污投资/工业增加值，① 替代 COD 和 SO_2 的约束

① 感谢匿名审稿人提出的建议。

性指标，并参考林季红和刘莹（2013）的做法，将环境规制 *ER*_cost 的滞后一期作为工具变量。在第 7 列中行业污染密度 *PI* 是行业污染总强度，参考傅京燕和赵春梅（2014）的做法，采用主要污染物线性标准化后等权重平均的方法计算而得。在模型 7 中，环境规制 *ER*_cost 和环境规制 *ER*_COD、*ER*_SO_2 一样，对出口有着显著的促进作用。而人均 GDP 与出口呈现“U”型关系，与表 5-3 结果基本一致。

同时，将表 5-4 中模型 1-6 样本期间扩大为 2006~2014 年（2015 年分省分行业出口数据尚未公开）进行稳健性检验（见表 5-5）。2011~2014 年环境规制 *ER*_COD 与 *ER*_SO_2 数据来自“十二五”期间各省环境规划、主要污染物控制目标等政府文件。由于国民经济行业分类 2002 年和 2011 年中个别行业口径不同，本章将个别行业进行删减，最终选择了 31 个省（区、市）27 个制造业行业数据。采用与表 5-4 同样的分析方法，结果表明，环境规制能够显著地扩大出口，尽管在纳入控制变量后环境规制的主效应不再显著，但是 *ER*×*PI* 显著为负。这说明，对污染密集度越高的行业，环境规制的出口正向效应越不显著，即环境规制并不能有效地促进污染密集型行业的出口，这一结论与前面的分析结果基本一致。

表 5-5　　稳健性检验（扩大样本区间）

变量	*ER*_COD		*ER*_SO_2			
PI	*Dummy*_COD		*Dummy*_SO_2		*Dummy*_coal	
	1	2	3	4	5	6
ER	0.030 (0.020)	0.035 (0.060)	0.018* (0.010)	0.01 (0.019)	0.018* (0.010)	0.010 (0.019)
ER×*PI*	-0.033*** (0.012)	-0.044*** (0.013)	-0.022*** (0.007)	-0.027*** (0.007)	-0.020*** (0.007)	-0.026*** (0.007)
Gdppc		-0.685 (3.088)		-0.219 (3.131)		-0.242 (3.132)
gdppc^2		0.109 (0.162)		0.095 (0.163)		0.096 (0.163)
ER×*HRi*		-0.0009 (0.004)		-0.002 (0.002)		-0.002 (0.002)
ER×*region*		-0.004 (0.014)		0.0001 (0.012)		0.00002 (0.012)

续表

变量	ER_COD		ER_SO_2			
PI	Dummy_COD		Dummy_SO_2		Dummy_coal	
	1	2	3	4	5	6
Constant		7.704 (14.870)		4.245 (15.280)		4.375 (15.290)
Fixed effect	Yes	Yes	Yes	Yes	Yes	Yes
Observations	7533	7254	7399	7124	7399	7124
R - squared	0.709	0.700	0.711	0.702	0.711	0.702

注：*、** 和 *** 分别表示参数估计值在 10%、5% 和 1% 水平上显著；括号内为标准误。

五、结论与启示

不同于以往研究主要集中于行业或地区层面对出口效应的分析，本章将行业特征与地区规制同时纳入环境规制对于出口影响的分析框架中。各省 COD 和 SO_2 排放总量控制指标作为《国民经济和社会发展第十一个五年规划纲要》确定的约束性指标，为本章研究提供了相对外生可比的环境规制指标。通过分析“十一五”期间环境规制对各省（区、市）30 个制造业出口的影响，我们发现：（1）环境规制能够倒逼技术进步，促进行业出口；（2）环境规制对于污染性行业与清洁行业的出口存在差异，环境规制对于污染性行业出口并无显著影响，而人均 GDP 与行业出口呈现“U”型关系。与之相反，环境规制能够促进清洁行业的出口。（3）行业科技水平越高，其创新补偿效应越大，行业出口越多。同时行业外资占比越高，与国际市场的联系越紧密，越有利于行业出口。

本章通过考虑约束性环境指标和治污成本对出口的影响，一定程度上减少了由于环境规制指标选择偏误而导致的结果的不一致性。无偏性的结果有助于我们在考虑“遵循成本”与“诱发创新”双重效应的情况下，对环境规制与出口之间的关系有更全面的认识。同时，通过对结论的分析，本章也揭示了研究的政策建议：随着环境污染问题的日益严重，公众对于经济、社会与健康问题的担忧与日俱增，政府理应出台相应政策进行环境规制。而对于环境规制会削弱出口竞争力，不利于经济增长的忧虑并无必要，正确评估环境规制与出口之间的关系，能够实现环境规制与促进出口的“双赢”。尽管短期严格的环境规制对于污染性行业出口并没有促进效应，但是在长期，适度严格的环境规制会倒逼企业技术创新，进而加大污染性行业的出口优势，所以降低环境规制水平以促进污染性行业出口的做法是不可取的。与此同时，加大对行业科技创新支持，特别是制定对污染性行业创新升级的弹性扶持政策是十分必要的，这有助于刺激“创新补偿效应”的发挥，使企业在遵循严格环境标准的同时，能够享受技术进步带来的正外部性，减少出口的技术壁垒与绿色壁垒，促进出口。

本章的研究结果证实了，在实施严格环境规制政策的同时可以实现出口提升，但这并不意味着环境规制政策是有效的，即无法证明环境规制同时实现了环境改善与促进出口的“双赢”，而对这一问题的研究将是接下来研究的重要方向与突破口。

第六章

环境规制与 FDI：基于中国企业数据的研究*

一、引　言

近年来，环境经济学和国际贸易方面的研究将越来越多的注意力放在了环境规制与外资之间关系的分析上，著名的“污染避难所假说”即认为外资会被发展中国家弱的环境规制所吸引，这意味着发展中国家可以将环境污染作为其在国际竞争中的一项特殊的比较优势，而争取外资的竞争将使这些国家将自己的环境标准不断降低。尽管这一假说看起来十分合理，但过往研究所得结论却是分为正反两方面的（Bu，2011）。一些研究发现更为严格的环境规制会造成获得外资在数量或是可能性方面的下降；另外一些研究则得出了截然相反的结论，认为环境规制对外资的阻遏作用很小甚至没有。

现有的经验研究大多利用宏观层面的数据，对污染避难所问题提供了一些有价值的深刻见解，而要揭示已有研究中环境规制与外来投资在结构上的联系，相对来讲要更加困难。本章运用对个体外资的决定因素进行估计的研究方法，分析环境规制与外来投资的联系。

---

* 本章翻译自以下英文文章：Bu M.，Zhai S.，Zhang J.，Zheng W.，“Foreign Direct Investment and Pollution Havens Hypothesis：Firm - Level Panel Data Evidence from China”，Globalization and the Environment of China（Frontiers of Economics and Globalization，Volume 14）Emerald Group Publishing Limited，2014，14：73 - 96.

中国是所有发展中国家中接收 FDI 份额最大的国家，而中国环境规制的地区差异十分显著，这使中国可以成为研究国家内部“污染避难所假说”的一个十分理想的样本。本章对于相关研究的贡献之一在于我们选用了一个规模庞大的企业层面面板数据库，而这很可能是国内首次将该类型数据库应用于环境规制与外资相关问题的研究。面板数据为我们获取更多样本、得出更有说服力的结论提供了可能。最终的研究结果显示，在本章所涉及的案例中有较为确信的证据说明污染避难所在中国的确存在，此外，外资对环境规制的敏感程度会因其所涉及行业的污染程度不同而存在明显差异。

我们进一步研究了政府补贴在污染避难所问题中的效应。中国的市场经济尚不完善，政府对市场仍然具有较大影响，因此，分析政府行为如何对企业行为产生影响具有很强的现实意义。我们的研究表明，当企业获得政府补贴时，环境规制的严格程度将不再是影响外资投资选址的因素，这一结果对于环境污染程度轻与重的企业同样适用。

此外，本章还选择了企业附加值作为因变量，这一持续性指标可以从动态角度展示样本，从而不会受到虚拟变量的影响，使我们可以观测到数据的变化趋势。但在另一方面，该指标可能使研究结论受到滞后效应的影响，为避免这一问题，我们采用了广义矩（GMM）估计方法。

二、文献综述

迄今为止，污染避难所理论已经引起了众多学者的关注，并得到了不同的研究结论。为更好地展示这一趋势，我们首先回顾以宏观层面数据为基础进行的研究，然后再回顾以微观数据为基础的文献，最后对可能造成不同结论的研究方法进行介绍和讨论。

在宏观数据研究方面，邢和科尔斯塔德（Xing and Kolstad，2002）利用一个关于美国六个行业和 FDI 决策的半对数线性模型，分析美国不同行业资本流动与目的地国环境政策之间的关系，结果发现美国化学和金属工业 FDI 选址与东道国环境规制严格程度间呈显著负向相关。因此，总体上讲，更加宽松的规制倾向于吸引更多来自美国污染较重行业的投资。张和傅（Zhang and Fu，2008）利用来自中国 30 个省（区、市），跨度为五年的面板数据，检验环境规制严格度是否影响 FDI 在中国的选址决策，结果显示，环境规制严格程度对 FDI 存在显著的负向影响，即在其他条件不变的情况下，FDI 更愿意选址在规制较弱的地区。与邢和科尔斯塔德（2002）以及张和傅（2008）得到的结论相反，艾斯克兰德和哈里森（Eskeland and Harrison，2003）的研究没有在工业化国家的环境规制与发展中国家外资间发现显著的相关关系，其中大气污染严重行业选址的相关性最弱。两位学者据此推论，投资与规制间的关系是由一系列变量共同决定的，不能由一个简单的模型准确假定。

使用宏观数据进行研究的一个不足之处是，总体数据会混淆环境规制原有的差别（Brunnermeier，2004），一方面，即便个体厂商面对的不同区域的环境标准是相同的，吸引更多污染型企业工厂的区域也会比清洁型工业为主的区域具有更高的污染治理成本。另一方面，新建立的企业需要遵守比已有企业更加严格的环境标准，因此，即便面对相同规制，具有更多相对较新企业的地区也会比具有更多老企业的地区得到更高的环境成本数据。上述两因素都是使用宏观数据的研究者不得不面对的重大挑战，研究者必须对所得到的污染治理成本进行调整，才能得到去除地区工业构成影响后的更为准确的数据。

在微观研究方面，利用美国企业层面数据，埃瑞克（Arik，1996）讨论了州环境规制对企业新制造工厂选址的影响，得到了一些可证明严格的规制会阻碍新工厂建立的证据，这可能是由于在许多不同区域进行生产的企业会依据最严格的环境规制制定自身统一的生产运作方案，从而避免在不同区域制定不同方案造成的成本浪费。与埃瑞克得到的结论不同，李斯特和科（List and Co，2000）同样应用美国数据分析环境标准与投资关系，但将注意力放在了跨国公司上，其所得结论支持了污染避难所假说，即制度严格度与选址吸引力负相关，且其对于跨国公司的影响相对于国内企业要大得多。柯克帕特里克和岛本（Kirkpatrick and Shimamoto，2008）研究了环境规制对日本 FDI 选址的影响，结果显示，拥有较弱环境规制的地区并未能吸引 FDI，日本 FDI 更倾向于选择拥有透明且固定的环境规制框架的国家。

在对中国的研究方面，迪（Di，2007）的研究利用来自四个行业的数据，考察了潜在的污染治理成本是否会影响 FDI 的选址决策。结果显示，污染密集型 FDI 企业对污染费较为敏感，而清洁型 FDI 企业则对污染费不敏感，支持了中国存在国家内部污染避难所的假设。

需要指出的是，以上研究虽然与本书的研究一样，通过分析微观层面数据研究投资位置选择问题，但实际上存在根本性的差异。我们将重点放在了研究外资量的决定因素上，而上述文献只考虑了开办新工厂的可能性。不仅如此，迪（2007）只考察了横截面数据，且假定固定效应模型在数据可纵向分解、规制严格度足够多样的条件下是可行的。

一些关于污染避难所假说争论的研究尝试对经验研究出现不同结论的原因做出解释。杰普森和福尔默（Jeppesen and Folmer，2001）、布伦纳迈尔（Brunnermeier，2004）等均认为有两个重要的原因是不能忽视的。第一，环境规制和外资间可能存在内生性，即可能存在双向因果关系。例如，大量外资可能引起收入提高，进而使居民对环境质量的要求提高，外资成为导致严格环境规制的原因之一。第二，规制严格程度在文献中往往由代理变量体现，其中一些变量存在明显的不足。环境指标的主观性是一个容易引起争议的热点，引用一些客观数据来衡量污染水平和成本显然才更令人信服。

考虑到以上诸多问题，本章希望通过分析一个能够充分反映外资多样性的大规模企业面板数据库，来进一步厘清外资与环境规制之间存在的关系。

政府补贴对企业行为的影响长期以来引起了学界的许多关注。庇古（Pigou，1948）及萨缪尔森（Samuelson，1955，1958）将污染生产假定为一种犯罪，主张通过对污染生产者征税或是给予非污染生产者补贴来实现社会效率均衡。而科斯（Coase，1959）认为污染的外生性问题可通过市场内化解决。

近年来，学者关注的重点更多地放在了补贴与税收的影响上。邦萨尔和甘戈迪耶（Sangeeta and Shubhashis，2003）研究了存在具备环保意识消费者的不完全竞争市场中税收补贴政策的福利问题，发现从价补贴的实行会改善已有的清洁水平，而通过补贴奖励环境友好型企业的歧视性政策会显著提升平均清洁水平，显然，这一结论有力支持了政府应当主动干预企业行为的论断。邝、肖和钟（Kwong，Siu and Chung，2005）尝试为政府提供能适应污染的时间变化的监督污染水平和制定最优补贴额的系统。克劳斯（Klaus，1993）的研究表明，由于补贴在理论上会改善全球环境，因而被认为是正当的，一国政府通过给予污染治理行为补贴，或对污染征收重税，可以扩大本国的国际市场份额，进而提高国家福利水平。

到目前为止，关注政府事实上是如何行动的文献仍然很少。本章通过运用微观数据、引入表示补贴的虚拟变量对这一领域研究进行了补充，结果显示，尽管高污染企业更愿意接受宽松的环境法规，但是，相对而言，给予企业诸如土地、金融方面的补贴对企业的吸引力却更大。为实现经济增长，中国各级政府往往给予外资企业及高污染企业更多的补贴，这在一定程度上会抵消污染避难所效应的影响。

三、数据说明与计量模型

（一）数据说明

本章数据来源于国家统计局组织的中国企业年度调查 1998～2007 年的数据。这一调查对象涵盖了所有国有企业，以及年销售额在 500 万元以上的大型非国有企业，为适应本章研究主题，我们保留了其中外资企业的数据。2003 年，一套新的工业分类系统（GB/T 4754－2002）取代了原有的分类系统（GT/T 4754－1994），为使文中所用分类方式前后一致，我们利用索引表，将 2003 年以前的数据按照新的分类系统进行了转化。此外，我们对有明显错误的数据进行了剔除（即负资产、负投入等），被剔除的数据还包括总固定资产小于固定资产净值以及工业增加值或中间投入大于总产出的情况。

（二）模型说明

在综合考虑现有关于生产率决定因素的文献、遗漏变量、多重共线性、中国以市场为导向的经济转型以及本章数据特点等问题后，我们设定了如下模型：

$$
\begin{aligned}
\ln assetgrowth_{ijkt} = {} & \alpha_0 + \alpha_1 \ln env_{ijkt} + \alpha_2 Age_{ijkt} + \alpha_3 LK_{ijkt} + \alpha_4 rcapital_{ijkt} \\
& + \alpha_5 leverage_{ijkt} + \alpha_6 cashflows_{ijkt} + \alpha_7 rd_{ijkt} + \alpha_8 ex_{ijkt} \\
& + \alpha_9 saleincrease_{ijkt} + \alpha_{10} banksale_{ijkt} + \alpha_{11} herfin_{ijkt} \\
& + \alpha_{12} highpo_{ijkt} + \alpha_{13} sub_{ijkt} + \alpha_{14} \sum_{n=1}^{6} ownership6_{ijkt} \\
& + \sum province_{ijkt} + \sum industry_{ijkt} + \sum year_{ijkt} + \varepsilon_{ijkt}
\end{aligned} \tag{6.1}
$$

方程（6.1）中，$assetgrowth_{ijkt}$为被解释变量，表示企业附加值；解释变量env_{ijkt}为地区应对工业污染总投资额，用以衡量环境规制严格程度。其余变量均为控制变量，Age_{ijkt}表示企业年龄；LK_{ijkt}为企业固定净资产的对数（以1998年省际总投资额为基准扣除物价指数）；$rcapital_{ijkt}$为资本密集度；$leverage_{ijkt}$为公司债务水平；$cashflows_{ijkt}$为企业现金流；rd_{ijkt}表示公司研发密度；ex_{ijkt}表示出口水平；$saleincrease_{ijkt}$为销售增长量；$banksale_{ijkt}$为公司源自银行的贷款总量；$herfin_{ijkt}$为赫芬达尔－赫希曼系数，用以衡量行业竞争度；$ownership6_{ijkt}$表示企业投资者来源，依照国外投资者以及来自港澳台的投资者进行区分；$highpo_{ijkt}$和sub_{ijkt}分别为企业是否属高污染行业及是否接受政府补贴的虚拟变量，是则取1，否则取0；$province_{ijkt}$、$industry_{ijkt}$及$year_{ijkt}$分别表示省（区、市）、行业（按三位数字区分）及年度固定效应；ε_{ijkt}为随机误差项。

1. 被解释变量

$assetgrowth_{ijkt}$表示企业附加值，由以下方法计算得出：增加值＝总产值（现值）－中间投入＋应付增值税。本章选择增加值而不是总产出作为输出变量主要有以下两点原因：一是去除中间投入可以更好地反映企业真实的生产能力，也与其概念更加符合；二是产值与中间投入在中国往往高度相关，我们发现如果在回归中考虑中间投入，产出相对于中间投入的弹性会大于0.8，这会大大降低其相对于劳动及资本投入的弹性。因此，将增加值作为生产函数的输出变量更适合本章这样的中国问题的研究。还需说明的一点是，以1998年为基期，我们用扣除通胀因素后的工业产值作为总产出，将扣除通胀因素后的原材料、燃料、能源投入作为中间投入进行计算。如前文所述，使用这一持续性变量相比于使用虚拟变量而言具有显著的优越性。

2. 解释变量

环境规制（env_{ijkt}）：对于所有与污染避难所相关的研究，对环境规制严格程度的测度都是十分关键的。环境规制严格度与地区对企业排放施加的种种限制有关，具体包括法规、排污费等，规制越严格，限制往往越多，这将直接导致企业排放污染物的成本上升。对环境规制的度量方法一般可分为两类，即直接度量与间接度量，前者考察对污染征税情况，后者通过环境保护相关费用间接反映规制严格程度。迪安等（Dean et al.，2009）与迪（2007）均采用直接度量法，但由于中国的官方环境组织近年来未公开相关数据，使我们无法采用这一方法。与张和傅（2008）的研究类似，我们以地区对工业污染处理项目的总投资额为依据，构建了一个间接反映环境规制程度的系统（Bu，2013）。工业污染处理投资是企业对于环境保护项目的总投资，包括环保工程的建设安装费用，以及购买用于处理废水、废气等各种污染物的专业设备的费用等，因而能够比较全面地反映政府在环保方面所做的努力。考虑到各行政区规模存在显著差异，我们用地区制造企业总增加值对污染处理投资进行了标准化处理。

3. 控制变量

age_{ijkt}：资本增长率往往在新企业中较高，并随着企业运营年限增加而逐步降低，据此我们假定 α_2 为负。

LK_{ijkt}：地方政府倾向于通过给予大规模外资一些政治优先权来吸引外资，发展地方经济，预期 α_3 为正。

$rcapital_{ijkt}$：总资产与员工总数之比。中国相对廉价的劳动力是吸引外资的一个重要因素，因此，劳动密集型企业理论上应具有更高的资本增长率。

$leverage_{ijkt}$：由公式（企业长期债务 + 企业短期债务（包括应付账款））/企业总资产计算得出。债务水平高的企业获取外部资源的能力往往更强，因此，预期 α_5 为正。

$cashflows_{ijkt}$：由公式（利润 + 累积折旧）/销售额计算得出。作为一个重要的内部融资渠道，现金流与企业资产的增长关系十分密切，对于能够充分利用现金的企业这一项应当具有负向系数。

rd_{ijkt}：企业研发投入与销售额之比。开发新产品需要高额投入，会占用大量企业资本，特别是在金融市场尚不完善的中国。但另一方面，研发可以加强企业竞争力，使企业有机会获得更大市场。可见这一项与总资产的关系并不明确。

ex_{ijkt}：企业出口额占销售额的比重。随着人均国民收入的稳步提升，中国国内市场规模正在迅速扩大，外资会更加关注这一新兴市场而非出口市场，因此我们预测 α_8 为负。

$saleincrease_{ijkt}$：企业销售增长额的平均值，可以反映市场需求如何影响外来投资。处于快速增长行业的企业倾向于具有更高的资本增长率。

$banksale_{ijkt}$：企业利息净支出占销售额的比。由于具有“超国民待遇”，外资企业相对更容易获得银行贷款，但多数外资企业发展并不依赖贷款，因此该项系数不确定。

$herfin_{ijkt}$：企业间竞争强度无疑会对投资决策产生重要影响，因此有必要引入赫芬达尔－赫希曼系数来反映行业竞争度。

$ownership6_{ijkt}$：我们将外资依照资本注册地分为了港澳台投资与国外投资两类。

$highpo_{ijkt}$：我们依据中国环境保护部提出的标准，挑选出了制造企业中的高污染企业，通过加入虚拟变量进行了区分。

表 6－1 展示了对数据进行斯皮尔曼相关性检验的结果，可见不存在高度相关的情况。

表 6－1　　斯皮尔曼相关性检验

	asset growth	*env*	*Age*	*Lk*	*rcapital*	*leverage*	*cashflow*	*rd*	*ex*	*sale-increase*	*bank-sale*	*herfin*
asset growth	1.0000											
env	0.0130	1.0000										
age	－0.0941	0.0520	1.0000									
LK	0.0618	－0.0230	－0.0029	1.0000								
rcapital	0.0128	－0.0543	－0.1234	0.7223	1.0000							
leverage	0.0779	－0.0298	－0.0062	－0.0583	－0.1138	1.0000						
cashflow	－0.0968	－0.0290	0.1789	0.3267	0.4052	－0.3015	1.0000					
rd	0.0336	－0.0039	0.0001	0.2133	0.1464	0.0004	0.0309	1.0000				
ex	－0.0218	0.0280	0.1270	－0.0645	－0.3055	－0.0358	－0.0675	－0.0839	1.0000			
saleincrease	0.0273	0.1054	0.0111	0.0856	0.0159	0.0201	－0.0334	0.0343	0.0019	1.0000		
banksale	－0.0028	0.0842	－0.0372	0.2222	0.2064	0.2213	0.0114	0.0810	－0.1219	0.0232	1.0000	
herfin	0.0303	－0.0046	－0.0321	0.1315	0.1887	0.0277	0.0302	0.1361	－0.0852	－0.0940	－0.0027	1.0000

四、回归结果

（一）初步结果

首先来看高污染企业的一些特点。如图6－1所示，污染程度越高，企业数量越大，说明中国的经济发展仍然伴随着较高的环境成本，一些污染严重的企业可能由于中国不完善的环境规制而选择在中国落户，这就为本章所做研究的合理性提供了一定依据。

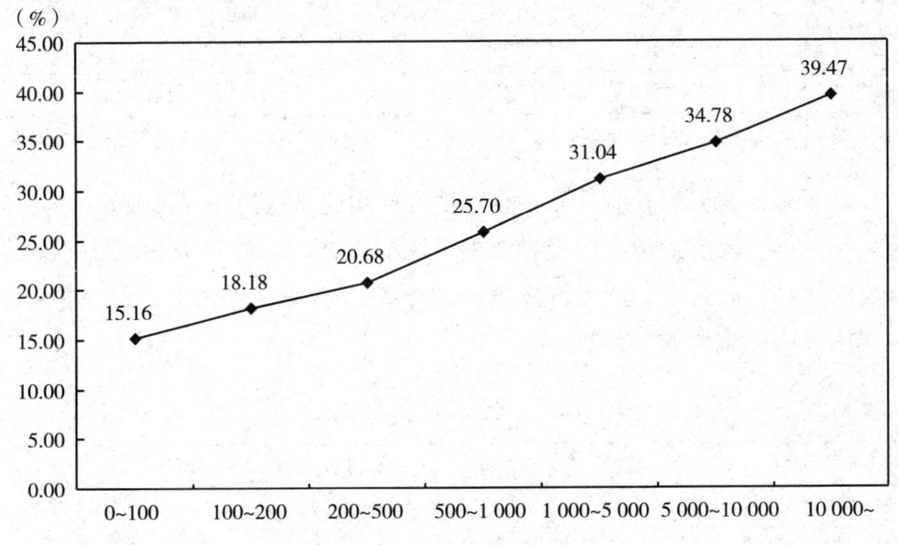

图6－1　高污染企业比例

从表6－2则可看出，高污染企业拥有较大的销售额，且其系数在1%水平上显著（$\rho<0.01$）。如矿产、电力之类的重污染行业大多具有稳定的需求与价格，这就为其带来了巨大的销售额与利润，对于附加值、固定资产、全要素生产率、资本集约度等项也同样如此。不难看出，高污染企业相对于其他地方企业优势明显，对中国经济贡献很大，但其负面效应仍有待研究。

表 6－2　　高污染企业的特征

项目	(1) 销售额	(2) 增加值	(3) 固定资产	(4) 全要素生产率	(5) 资本密集度
高污染	74653.3*** (13.49)	18768.5*** (11.89)	39836.9*** (10.70)	0.303*** (22.17)	51.22*** (11.45)
ownership6	90061.0*** (16.12)	21145.4*** (12.21)	20486.6*** (19.97)	0.282*** (42.14)	46.76*** (25.00)
所有权	YES	YES	YES	YES	YES
行业	YES	YES	YES	YES	YES
省	YES	YES	YES	YES	YES
年度	YES	YES	YES	YES	YES
Cons	165687.7*** (4.38)	18228.6*** (3.72)	4850.1* (1.72)	6.686*** (232.26)	143.1*** (22.36)
N	134892	134892	134892	134396	134892

注：t 统计量说明：* 表示 $p<0.10$，** 表示 $p<0.05$，*** 表示 $p<0.01$；括号内为标准误。

接下来，我们对政府补贴在企业中的作用做一些说明。由表 6－3 可以看出，总体上政府给予高污染企业的补贴更高，但补贴最大值较小。地方经济对于高污染行业的严重依赖很可能导致宽松环境规制的出台，进而导致国内污染避难所的出现。

表 6－3　　政府补贴

补贴类型	企业总数	平均值	标准差	最小值	最大值
政府补贴总量	143632	177.4529	4805.024	0	684267
对高污染企业补贴	25710	325.9434	4517.602	0	265727
对清洁型企业补贴	117922	145.0782	4864.852	0	684267

表 6－4 展示了接受补贴额不同的企业之间的差别。第（1）列表明销售额与补贴额正向相关，这与我们的预期一致。这可能是由于收到高额补贴的企业往往规模较大，盈利能力强，税收贡献大，且如表 6－2 所展示的，更可能是高污染企业。其他几列则表明，企业附加值、固定资产、全要素生产率、资本密集度均与补贴额正向相关。有两点原因可能导致这一结果，一是选择效应，即规模大、资本密集度高、效益高的企业更可能被政府确定为补贴对象；二是补贴可能被企业用于扩大规模，发展新技术，

进而成为促进相关项增长的重要力量。

表 6－4　　外资企业特征（补贴）

项目	(1) 销售额	(2) 附加值	(3) 固定资产	(4) 全要素生产率	(5) 资本密集度
补贴	35.88*** (6.19)	7.809*** (5.85)	1.929*** (3.33)	0.0000143*** (5.92)	0.00131*** (2.64)
ownership6	85817.3*** (15.87)	20220.0*** (11.85)	20232.8*** (19.85)	0.280*** (41.89)	46.57*** (25.01)
所有权	YES	YES	YES	YES	YES
行业	YES	YES	YES	YES	YES
省（区、市）	YES	YES	YES	YES	YES
年份	YES	YES	YES	YES	YES
Cons	177054.0*** (4.69)	20989.8*** (4.29)	9545.7*** (3.53)	6.722*** (232.53)	149.0*** (23.51)
N	134892	134892	134892	134396	134892

注：①＊表示 $p<0.10$，＊＊表示 $p<0.05$，＊＊＊表示 $p<0.01$；括号内为标准误。

②在所有回归中，我们对由所有权、行业（2 位代码）、省（区、市）、年份导致的固定效应进行了处理。

由于我们样本中的大多数企业并未收到补贴，得出上述结论可能存在一定争议，为此我们将接收补贴的企业选出重新分析，以检验所得结论的稳健性，结果见表 6－5。新的回归中，销售额、增加值、固定资产等各项同样具有正向显著的系数，印证了由表 6－4 得到的结论，说明政府补贴对于企业发展具有重要的作用。得到补贴的企业具有获得许多关键资源的便利，在选择发展策略时受到的限制更少，因而能更好地适应快速发展的中国市场。

表 6－5　　外资企业特征（补贴＞0）

项目	(1) 销售额	(2) 附加值	(3) 固定资产	(4) 全要素生产率	(5) 资本密集度
补贴	35.83*** (6.12)	7.721*** (5.78)	1.734*** (3.21)	0.0000126*** (6.19)	0.00117** (2.54)
ownership6	88205.0*** (7.47)	18261.0*** (4.81)	25451.3*** (7.86)	0.206*** (11.60)	48.28*** (8.62)

续表

项目	(1) 销售额	(2) 附加值	(3) 固定资产	(4) 全要素生产率	(5) 资本密集度
所有权	YES	YES	YES	YES	YES
行业	YES	YES	YES	YES	YES
省	YES	YES	YES	YES	YES
年度	YES	YES	YES	YES	YES
Cons	-25315.8 (-0.47)	-12356.4 (-0.92)	-8118.1 (-0.71)	6.713*** (75.02)	124.5*** (5.42)
N	16747	16747	16747	16719	16747

注：* 表示 $p<0.10$，** 表示 $p<0.05$，*** 表示 $p<0.01$；括号内为标准误。

（二）回归结论

为得到更加准确的结论，对方程（6.1）进行回归。通过使用广义矩（GMM）估计来应对结果中可能存在的内生性问题。对于本章这样的大规模面板数据，使用该估计法虽然效率较低，但可有效减少偏误（Inmaculada Martínez - Zarzoso，Antonello Maruotti，2011）。前文曾述及，选用持续型变量作为被解释变量会带来滞后效应，因此，我们分别作了一步广义矩估计与两步广义矩估计。

表6-6为对方程（6.1）一步回归所得结果。我们重点分析 ln*env* 项，即对环境规制的度量。第（1）列考虑了全部样本，从中可以看出，外资企业总体上更愿意在环境规制较弱的地区建厂，从而减少其污染治理成本。第（2）列只考虑接受补贴的企业，其系数仍未负，但并不显著，说明政府补贴会通过给予企业额外优势、降低企业成本而对企业产生影响。第（3）列分析了未接受补贴的企业，其系数绝对值大于第（1）列且显著，这一结果从另一方面反映了补贴的重要影响。没有补贴的企业对于规制的严格度更加敏感，这使其对样本总体影响显著。第（4）、第（5）两列考虑虚拟变量 *highpo*，其系数均为负，但 *highpo* =1 时较大，说明尽管各类型企业普遍会受到环境规制的影响，但高污染企业所受影响相对更大，这一结果支持了存在国内污染避难所的假定。

表 6－6　　一步广义矩回归

变量	(1) all Sample	(2) subsidy > 0	(3) subsidy = 0	(4) highpo = 1	(5) highpo = 0	(6) subsidy > 0 highpo = 1	(7) subsidy > 0 highpo = 0	(8) subsidy = 0 highpo = 1	(9) subsidy = 0 highpo = 0
lnassetgrowth	−0.234** (−2.21)	−0.320*** (−3.94)	−0.239** (−2.11)	−0.184** (−2.01)	−0.222** (−2.06)	−0.165 (−1.54)	−0.352*** (−3.96)	−0.224** (−2.14)	−0.224** (−1.99)
lnenv	−0.000541*** (−2.91)	−0.000817 (−1.50)	−0.000864*** (−4.07)	−0.000858** (−2.14)	−0.000537** (−2.49)	0.0000971 (0.15)	−0.000804 (−1.18)	−0.000968** (−2.09)	−0.000873*** (−3.26)
age	−0.0147*** (−3.16)	−0.0113*** (−6.66)	−0.0156*** (−3.07)	−0.00562*** (−4.47)	−0.0170*** (−2.92)	−0.00600** (−2.45)	−0.0131*** (−6.74)	−0.00579*** (−4.69)	−0.0181*** (−2.86)
LK	0.0355*** (3.15)	0.0149** (2.42)	0.0428*** (3.00)	0.0207*** (5.03)	0.0411*** (2.64)	−0.000250 (−0.03)	0.0241*** (4.55)	0.0247*** (6.19)	0.0477** (2.57)
r_capital	−0.0000462 (−0.90)	0.0000294 (0.33)	−0.0000770 (−1.25)	−0.000000796 (−0.02)	−0.0000942 (−0.80)	0.0000509 (0.59)	−0.0000993** (−2.37)	−0.0000348** (−2.24)	−0.000104 (−0.76)
leverage	0.205** (2.17)	0.229*** (6.29)	0.209** (2.01)	0.122*** (4.02)	0.222** (1.99)	0.246** (2.54)	0.209*** (5.43)	0.122*** (3.82)	0.227* (1.87)
cashflow	−0.0379*** (−2.63)	−0.130*** (−2.97)	−0.0370** (−2.35)	−0.00852 (−0.72)	−0.0461** (−2.50)	0.117 (0.73)	−0.225*** (−6.26)	−0.0159 (−1.28)	−0.0426** (−2.21)
rd	−0.737 (−1.07)	0.314 (1.21)	−1.099 (−1.24)	−0.447 (−1.26)	−0.830 (−0.96)	−0.0880 (−0.19)	0.372 (1.30)	−0.604 (−1.15)	−1.224 (−1.11)
ex	−0.0669 (−1.23)	−0.0522** (−2.28)	−0.0688 (−1.16)	0.0131 (0.39)	−0.0814 (−1.28)	−0.0978 (−0.82)	−0.0430*** (−3.72)	0.0243 (0.87)	−0.0853 (−1.23)

续表

变量	(1) all Sample	(2) subsidy >0	(3) subsidy =0	(4) highpo =1	(5) highpo =0	(6) subsidy >0 highpo =1	(7) subsidy >0 highpo =0	(8) subsidy =0 highpo =1	(9) subsidy =0 highpo =0
saleincrease	0.000644 (0.97)	−0.0000128 (−0.28)	0.000794 (0.95)	−0.0000456 (−0.72)	0.000767 (0.95)	0.0000685 (0.71)	−0.0000407 (−1.30)	−0.000113 (−0.79)	0.000825 (0.95)
banksale	−1.094* (−1.92)	−0.219 (−0.72)	−1.276* (−1.81)	−0.858*** (−3.03)	−1.088* (−1.81)	−1.973 (−1.11)	−0.135 (−0.64)	−0.945*** (−3.29)	−1.279* (−1.77)
Herfin	0.778 (1.22)	0.00639 (0.04)	0.912 (1.22)	0.168 (1.36)	1.014 (1.12)	0.251 (0.85)	−0.0300 (−0.19)	0.155 (1.15)	1.244 (1.13)
ownership6	−0.0984 (−1.12)	−0.00843 (−0.69)	−0.109 (−1.09)	−0.0210 (−1.47)	−0.120 (−1.08)	−0.0315 (−0.81)	−0.00374 (−0.30)	−0.0158 (−1.08)	−0.134 (−1.07)
ownership	YES	YES	YES	YES	YES	YES	YES	YES	YES
province	YES	YES	YES	YES	YES	YES	YES	YES	YES
industry	YES	YES	YES	YES	YES	YES	YES	YES	YES
year	YES	YES	YES	YES	YES	YES	YES	YES	YES
Cons	−0.00269 (−0.04)	0.113 (1.61)	−0.0261 (−0.33)	−0.0158 (−0.27)	−0.0086 (−0.10)	0.0631 (0.48)	0.125 (1.60)	−0.0413 (−0.68)	−0.0285 (−0.29)
N	75403	10905	64498	13201	62202	1937	8968	11264	53234

注：* 表示 $p<0.10$，** 表示 $p<0.05$，*** 表示 $p<0.01$；括号内为标准误。

第（6）列至第（9）列综合考虑了虚拟变量 *sub* 与 *highpo*，值得注意的一点是，外资企业，特别是其中的高污染企业在接受政府补贴后，将不再受到环境规制的影响，第（6）、第（7）列不显著的系数说明了这一点。在高度竞争的市场环境中，补贴会为发展初期的企业提供有力的帮助。中国现行的政绩考核机制使政府更愿意为具有高生产力的企业提供补贴以发展地方经济，而这类型企业中很多都是高污染企业。另外，中国近年来非常重视环境与经济的协调发展，为此，地方政府不断出台严格的环境法规以展示其改善环境质量的决心。在这样的条件下，补贴就成为平衡经济与环境的主要手段。第（8）、第（9）列反映了没有补贴的情况，其系数均为负且显著。第（8）列系数绝对值大于第（9）列与第（4）列，说明重污染企业受环境规制影响更大，特别是在没有补贴的时候。

rd 项的系数均不显著，说明研发对企业规模的影响并不明确，这可能是由于研发尽管可能带来技术进步与高额利润，但研发的效果还取决于很多其他的因素，并需要较长的时间才能显现。*ownership*6 项系数同样不显著，由于来自港澳台与国外的资本同样受到地方政府的欢迎，企业类型并不会对发展产生影响。此外，*herfin* 与 *saleincrease* 系数均不显著，市场环境与企业自身发展对于企业决策不产生影响的结论有些出人意料，这可能与中国不完善的市场有关。

age 与 *LK* 项系数均与预期一致且高度显著。相对于快速增长的新企业，老企业往往具有更加稳定的市场和较低的资本增长率。规模较大的企业相比小企业在市场等方面具有优势，因而不论污染程度与接受补贴情况如何，都会有较快的增长。

表 6 – 7 反映了两步广义矩回归的结果。表 6 – 7 中，ln*env* 项系数均为负，而第（8）列系数不再显著。比较第（4）、第（5）两列的结果，我们仍然可以得出对环境规制更加敏感的结论。考虑补贴的情况，可以看到第（6）列系数仍然不显著，说明补贴会对企业行为产生重要影响，印证了表 6 – 7 的结论。

表 6 – 7 中的回归结果也进一步验证了关于控制变量的结论，其中 *rd*，*herfin*，*saleincrease* 几项的系数仍旧不显著。此外还有两点值得注意：一是由于产出难以预料，企业应当仔细研究和慎重实施其创新计划；二是由于政府常常通过给予外资企业保护以谋求经济发展，全行业的发展状况与

表 6－7　两步广义矩回归

变量	(1) all Sample	(2) *subsidy* > 0	(3) *subsidy* = 0	(4) *highpo* > 0	(5) *highpo* = 0	(6) *subsidy* > 0 *highpo* = 1	(7) *subsidy* > 0 *highpo* = 0	(8) *subsidy* = 0 *highpo* = 1	(9) *subsidy* = 0 *higjpo* = 0
ln*assetgrowth*	－0.218*	－0.346***	－0.234*	－0.159	－0.196*	－0.146*	－0.420***	－0.237*	－0.205*
	(－1.89)	(－3.68)	(－1.87)	(－1.51)	(－1.81)	(－1.90)	(－3.39)	(－1.77)	(－1.81)
ln*env*	－0.000158**	－0.000374	－0.000357*	－0.000475**	－0.000334*	－0.000412	－0.0000639**	－0.000226	－0.000432*
	(－1.99)	(－1.33)	(－1.81)	(－2.06)	(－1.69)	(－0.94)	(－2.21)	(－0.82)	(－1.88)
age	－0.00826***	－0.0110***	－0.00826***	－0.00564***	－0.00945***	－0.00571***	－0.0121***	－0.00529***	－0.00914***
	(－5.95)	(－6.94)	(－6.15)	(－5.67)	(－6.01)	(－2.89)	(－6.04)	(－4.68)	(－5.75)
LK	0.0201***	0.00997**	0.0221***	0.00851**	0.0232***	0.00242	0.0183***	0.0118***	0.0242***
	(5.90)	(2.24)	(5.63)	(2.52)	(4.74)	(0.31)	(3.91)	(3.67)	(5.03)
rcapital	－0.0000695**	－0.0000988***	－0.0000627**	－0.00000683	－0.000130*	－0.0000170	－0.0000994***	－0.0000257**	－0.000105
	(－2.47)	(－2.77)	(－2.47)	(－0.35)	(－1.90)	(－0.61)	(－3.15)	(－2.24)	(－1.60)
leverage	0.207***	0.211***	0.207***	0.138***	0.226***	0.164**	0.202***	0.139***	0.225***
	(7.39)	(6.34)	(6.44)	(5.27)	(6.41)	(2.20)	(5.85)	)(5.15)	(5.41)
cashflow	－0.0434**	－0.0877**	－0.0404**	－0.0181**	－0.0480*	0.0573	－0.140***	－0.0289***	－0.0423*
	(－2.51)	(－2.47)	(－2.12)	(－1.98)	(－1.91)	(0.82)	(－3.78)	(－2.68)	(－1.85)
rd	－0.0405	0.359	－0.149	－0.514*	0.0468	－0.111	0.510*	－0.793**	－0.0334
	(－0.18)	(1.31)	(－0.41)	(－1.92)	(0.17)	(－0.22)	(1.82)	(－2.47)	(－0.08)
ex	－0.0193	－0.0189	－0.00711	－0.00758	－0.0209	0.00638	－0.0309***	－0.00360	－0.0209
	(－1.16)	(－1.06)	(－0.38)	(－0.26)	(－1.13)	(0.10)	(－2.86)	(－0.13)	(－0.94)

续表

变量	(1) all Sample	(2) subsidy >0	(3) subsidy =0	(4) highpo >0	(5) highpo =0	(6) subsidy >0 highpo =1	(7) subsidy >0 highpo =0	(8) subsidy =0 highpo =1	(9) subsidy =0 higjpo =0
saleincrease	-0.0000244	-0.0000562	-0.0000404	-0.0000722	-0.0000520	0.0000158	-0.0000638*	-0.000220	-0.0000581
	(-0.11)	(-1.25)	(-0.13)	(-1.46)	(-0.19)	(0.15)	(-1.95)	(-1.62)	(-0.19)
banksale	-0.542	0.00170	-0.501	-0.779***	-0.526	-1.016	-0.0855	-0.978***	-0.488
	(-1.36)	(0.01)	(-1.39)	(-2.85)	(-1.17)	(-1.38)	(-0.39)	(-4.14)	(-1.22)
herfin	-0.0196	0.0136	-0.0269	0.280*	-0.0155	0.425	-0.0731	0.212*	0.00992
	(-0.18)	(0.07)	(-0.21)	(1.80)	(-0.10)	(1.07)	(-0.54)	(1.77)	(0.06)
ownership6	-0.00743	-0.00872	-0.00401	0.0112	-0.0116*	-0.00202	-0.0160	0.0151	-0.00782
	(-1.13)	(-0.83)	(-0.55)	(1.03)	(-1.72)	(-0.09)	(-1.51)	(1.60)	(-1.07)
ownership	YES	YES	YES	YES	YES	YES	YES	YES	YES
province	YES	YES	YES	YES	YES	YES	YES	YES	YES
industry	YES	YES	YES	YES	YES	YES	YES	YES	YES
year	YES	YES	YES	YES	YES	YES	YES	YES	YES
Cons	-0.0517	0.190*	-0.0741	0.0704	-0.0377	0.0617	0.127*	0.00774	-0.0634
	(-1.25)	(1.81)	(-1.54)	(0.86)	(-0.73)	(0.26)	(1.70)	(0.16)	(-1.11)
N	75403	10905	64498	13201	62202	1937	8968	11264	53234

注：* 表示 $p<0.10$，** 表示 $p<0.05$，*** 表示 $p<0.01$；括号内为标准误。

个别企业的成败关系并不紧密，这种不公平的情况应当通过各方努力加以杜绝。

五、结　论

目前学界已有许多研究希望通过分析贸易与投资来验证污染避难所假说，大量从事相关研究的学者将注意力放在分析环境规制的差别对投资选址的影响上，但迄今为止得到的确定性证据依然很少。本章选择了学者们相对较少涉及的一种思路，即探讨环境规制对 FDI 流量的影响。本章对于相关研究的主要贡献在于明确地分析了多样性的企业行为，这一点在以往对于污染避难所的研究中被大量忽视，但其对解释世界贸易与投资结构却具有重要意义。

利用 1998 ~2007 年的企业面板数据，本章考察了外资是否会被中国一些省（区、市）相对较弱的环境规制所吸引，结果显示，规制的严格程度会对外来投资的流量产生负向影响，即更严格的规制会使投资额减少，这与污染避难所假说一致。本章研究还发现，污染程度不同的企业在行为上存在明显的不同，严格的环境规制会显著地阻碍高污染企业的投资，但对相对清洁的企业却未发现有显著的影响。在此条件下，本书认为污染避难所是存在的。

本章还对政府补贴对企业产生的影响进行了研究，结果显示，政府补贴对企业的影响要强于环境规制。尽管规制会带来成本的提高，但政府补贴却可以使企业在土地、资金、政策等方面获得更大的帮助。来自政府的扶持对于新企业和处于激烈竞争中的企业作用尤其显著。外资由于具有较高的生产力和竞争力，可以为地方经济提供巨大的推力，因而特别受到地方政府的青睐。高污染行业通常具有稳定的需求与价格，成为了政府扶持的重点，因此得出一些高污染企业会被环境规制相对严格的地区所吸引的结论就不足为奇了。

考虑了 FDI 在时间维度上的动态特性之后，本章关于投资与环境规制关系的结论仍然是稳定的。本章的不完善之处在于环境规制的内生性问题，外来投资者可能会就环境标准与地方政府进行谈判，进而导致双向因果关系，希望以后的研究者能够注意这一问题，并进一步检验本章结论是否准确。

第七章

外商直接投资、企业社会责任和污染避难所假说*

一、引 言

自从中国的开放政策实行以来，中国已经成功吸引了大量的外国直接投资，为过去30年间我们所见证的中国迅速上升的经济增长率做出了重要贡献（Tian and Yu, 2012），但是，关于在中国的外国直接投资的生产力外溢效应的研究成果相当矛盾（Hale and Long, 2011）。根据最近的世界发展指数，中国1982年接受的外国直接投资有4.3亿美元，这个数据在2010年急剧上升到1851亿美元。随着日益增长的外国投资和迅速的经济增长，中国已经产生了严重的环境恶化。90%左右靠近城市的河流受到严重的污染（Yu and Abler, 2010）。那么，日益增长的外国投资和环境恶化的现状共存的事实，到底只是一个巧合，还是由于两者之间存在一些因果关系？

如果要考虑其中的因果关系，污染避难所假说给出一定的解释。这一假说认为，跨国公司更有可能把生产流程中高度污染的部分转移到环境标准相对较低的发展中国家（Sanna - Randaccio and Sestini, 2011; Sanna - Randaccio, 2012）。根据这一假说，即使较为宽松的环境规制对发展中国家的环境有害，但在经济上仍然是较为有利的。为了竞争外国投资，发展中

* 本章翻译自以下英文文章：Bu M., Liu Z., Wagner M., Yu X., "Corporate Social Responsibility and the Pollution Haven Hypothesis: Evidence from Multinationals' Investment Decision in China", *Asia - Pacific Journal of Accounting & Economics*, 2013, 20 (1): 85 - 99.

国家被鼓励降低环境标准的底线，以确保在这样的竞争中生存（Copeland and Taylor，2003）。

污染避难所假说的核心是质疑跨国公司是否被宽松的环境规制所吸引。目前的研究已经提供了环境规制和外资地点分布选择之间存在相反关系的证据（Xing and Kolstad，2002；Zhang and Fu，2008）。这一研究意味着，在某些情况下，较为宽松的环境规制会提高外国投资的可能性，这一结论是与污染避难所假说相一致的。然而，一些其他的文献则不能找到强有力支持的证据，以表明跨国公司偏好在环境规制较为宽松的地区投资（Javorcik and Wei，2005）。艾斯克兰德和哈里森（Erkeland and Harrison，2003）的研究表明，污染避难所的证据也许依赖于污染物和产业方面的问题。这些矛盾的研究发现意味着需要更多的研究，把更多的因素纳入考虑范畴，从而完成这一讨论（Chao and Yu，2004）。

这些研究发现出现不一致的一个可能原因是忽视了跨国公司的异质性，因为大多数研究更加强调发展中国家之间可能存在的竞争。不同的公司对于环境保护可能有着不一样的态度。克拉克森等（Clarkson et al.，2008）研究发现，公司在环境方面的表现和在公司层面上自由披露环境问题的水平呈现正相关的关系。不可否认的是，一些跨国公司把收益率的地位置于环境责任之上。例如，根据中国公众与环境研究中心的一项调查，大约100个跨国公司已经违反了中国的环境规制。而正相反，对另一些跨国公司而言，环境责任在公司的目标中占有更加优先的地位，它们从没有为了追求更高的收益率而降低它们的环境标准。一个好的例子是瑞典的家居巨头宜家，他们给中国的供应商设置了8条环境要求，任何没有符合这些要求的供应商都会面临被剔除出供应商名单的处理。

考虑到前面提到的公司的异质性，现有的关于污染避难所假说的研究仍然不够充分，并且公司的环境责任应当被考虑进去。本章首次将企业在环境方面的社会责任引入污染避难所假说的讨论中，填补了现有文献的空白。可以预期的是，具有较高社会责任感的跨国公司不太可能被宽松的环境规制所吸引。正如波特的假说所表明的那样，这些跨国公司通过建立较高的环境标准，从而能够在资本市场上获得额外报酬并且保持竞争优势（Porter and Linde，1995；Wagner，2006，2011）。但是，宽松的环境规制可能为那些社会责任感较低的跨国公司提供动机，鼓励他们把工厂建立在环境规制宽松的地方。

为了填补文献的空白，本章通过使用条件转换模型和在中国的外资企业的数据，尝试检验了本地环境规制和外资企业的地点选择之间的关系，特别是把企业社会责任所扮演的角色纳入了考虑范畴。本章的结论大体上支持了污染避难所假说，即较为宽松的环境规制更加吸引跨国公司在中国投资。但是，企业社会责任也在假说中扮演了重要的角色。

二、文献综述

围绕污染避难所假说的讨论已经引起了这一领域研究者的大量关注。现在的研究根据数据选择的不同而存在两条主线。本节首先回顾使用宏观层面数据的文献，然后再回顾使用微观层面数据的文献。在本节的最后，将会讨论文献中结论出现矛盾的可能原因。

在宏观层面上，邢和科尔斯塔德（2002）发现，在美国投资和东道国的环境规制严格程度之间存在着负相关的关系。利用6个高度污染的美国产业的集成数据，他们认为不严格的环境政策往往吸引更多的来自美国高度污染产业的资本流入。通过使用中国30个省级行政单位5年间的面板数据集，张和傅（2008）发现严格的环境规制制止了中国的外资流入。而邢和科尔斯塔德（2002）以及张和傅（2008）的研究结论都支持污染避难所假说。

正相反，艾斯克兰德和哈里森（2003）没有在发展中国家的环境规制和外资之间发现稳健的关系。支持外国投资者偏好环境规制较弱地区这一结论的证据并不可靠。他们认为，投资和环境规制之间的关系取决于许多因素，比如产业和污染物。除此之外，他们还发现，相比较于东道国的同业者，外国投资倾向于使用更少的能源和更加清洁的产品形式。这一观点被卜茂亮等（2011）的研究所证实。

布伦纳迈尔（Brunnermeier，2004）指出宏观数据的一个缺点，即集成的数据经常混淆不同的环境标准。一方面，即使个别企业面对的环境标准在不同的管辖区内是完全相同的，与一个较为清洁的产业结构相比，会吸引更多污染企业的管辖区域，将会带来更大的减排成本。另一方面，相比于现有的公司，新的公司不得不遵守更加严格的环境标准。因此，即使规制是相同的，相比于老的工厂，相对较新的工厂的管辖区域可能会报告更高的合规成本。这使研究者需要调整报告的污染减排成本，以捕捉到管辖区产业结构之间的差异。这种调整将会对研究的严谨程度带来巨大的挑战，而这些挑战是可以通过微观数据的使用加以避免的。

通过使用来自美国的微观数据，埃瑞克（Arik，1996）对国家的环境规制在新的制造工厂位置分布上的影响进行了检验，并且只发现了较弱的证据，以支持严格的环境规制制止新的公司建立污染性工厂。贾冯科克和魏尚进（Javorcik and Wei，2005）没有在东欧和苏联的25个经济体中发现证据，以支持高污染的外国投资者被宽松的环境规制所吸引这一观点。无论是埃瑞克（1996）还是贾冯科克和魏尚进（2005）的研究都没有支持污染避难所假说。而正相反，李斯特和科尔（2000）也使用了美国的数据，但是，却发现环境规制的严苛程度和吸引外资的可能性之间呈现显著的负相关关系。本·肯德和祖伽夫（Ben Kheder and Zugravu，2012）同样发现，法国的制造工厂也偏好在环境规制较为宽松的外国地区进行投资。此外，柯克帕特里克和岛本（Kirkpatrick and Shimamoto，2008）提供了另一个有趣的发现，这一发现表明，日本的外国直接投资似乎被具有更高环境标准的国家所吸引，因此他们并不支持污染避难所假说。

除了少量的例外情况，对中国的研究极少使用微观数据。迪（2007）使用了中国四个产业的数据，检验了污染减排费用的潜在缩减是否影响外国直接投资的地点选择，并且指出污染密集型的外资公司对较高的排污收费很敏感，而非污染性的外资公司则并非如此。这说明了中国污染避难所的存在。迪安等人（2009）通过估计在中国中外合资企业地点选择的决定因素，检验了利用污染避难所的行为。他们的结果表明，宽松的环境标准会吸引来自中国的香港、澳门和台湾的高污染行业公司，但吸引非中国投资的中外合资公司不显著，无论产业造成的污染强度如何。

考虑到方法论问题，布伦纳迈尔（2004）、杰普森和福尔默（Jeppesen and Folmer，2001）回顾了这一课题的文献，讨论了矛盾结论出现的原因。他们强调了两个不应该被忽视的因素。其一，反向因果关系可能适用于环境规制和外资。例如，如果更多的外资会导致更高的收入，而更高的收入也会导致对环境质量的更高要求，这就会引起更加严格的环境规制。这就是说，环境规制可能是关于外资的一个函数。其二，环境规制的严格程度在文献中被用不同的方法所替代。一些测量尺度有着明显的瑕疵。他们建议，基于污染费用的客观和定量数据的度量方法将会更加令人信服。

除了方法上的问题，另一个可能的原因则是对公司之间异质性的忽视和对发展中国家之间可能存在的竞争的过分强调。龙迪内利和贝利（Rondinelli and Berry，2000）提出，负责任的跨国公司通常采用严格自我规制的活动以实现可持续发展。但是，并不是所有的跨国公司都是这样做的。考虑到跨国公司社会责任上的异质性，我们应该对它们的环境行为进行曝光。到目前为止，我们很少知道，如果把企业社会责任纳入考虑范畴，宽松的环境规制是否会吸引更多的外资。本研究主动引入企业社会责任的观点对污染避难所假说进行讨论，并且尝试填补现有文献的空白。

三、实证研究方法和相关数据

（一）实证研究方法

本研究使用麦克法登（McFadden，1974）提出的条件转换模型，估计在中国的跨国公司的地点选择。这个模型很好地建立在微观效用/利润最大化的基础上，适用于丰富的实证规范。离散选择模型使研究者能够解释每一个个体的偏好；而在集成方法中，一些微观层面的特性则有可能因为离散数据的集成过程而发生缺失。

在条件转换模型中，我们假设跨国公司 i 只有当在 j 省能够实现利益最大化时，才会选择在该省建立它的新工厂。我们没有理会工厂的个性特征，因为这可以被固定效应所标准化并获得。我们假设预期收益只取决于每个省级行政区的可见个性特征。从数理上讲，在 j 省的跨国公司 i 的收益可以由以下方程具体表示：

$$\pi_{ij} = X_{ij}\beta + \alpha_i + \varepsilon_{ij} \tag{7.1}$$

其中，X_{ij} 表示 j 省可观测的本地特征量；β 表示不同跨国公司之间共享的估计系数；α_i 表示跨国公司的异质性；ε_{ij} 则是一个随机项，表示每一个替代项无法观测的个性，它被认为是独立同分布条件（IID）下的极端值。因此，当且仅当下列方程成立时，跨国公司 i 会选择 j 省：

$$\pi_{ij} > \pi_{is}, j \neq s \tag{7.2}$$

跨国公司 i 从 S 个潜在的省份（替代项）中选出一个特定省份 j 的可能性，可以从数学上由以下方程表达：

$$\Pr(j) = \frac{\exp(X_{ij}\beta + \alpha_i)}{\sum_{s=1}^{S} \exp(X_{is}\beta + \alpha_i)} \tag{7.3}$$

我们可以从极大似然法中获得 β 的估计值。麦克法登（1974）的原始模型中给不同的替代项具体指定了每一个 β。我们的模型由此演绎而来。假设独立变量的相关系数对于不同的替代项而言是完全相同的，而不同跨国公司间的异质性则由 α_i 来表示。鉴于此，这一模型经常被称为固定效应转换模型。这一规范的一个优点是简化了麦克法登（1974）原始模型中的独立决定条件（IIA）假设。

独立决定条件（IIA）的性质明确地阐释了，对于任何投资者而言，任意两个替代项的可能性比例只取决于这两个替代项的特性，它们和其他可获得的替代项相独立。违反独立决定条件假设会导致估计量不一致。为了检验出对独立决定条件假设的潜在违反行为，豪斯曼和麦克法登（Hausman and McFadden，1984）以及司茅和萧（Small and Hsiao，1985）提出了不同的统计检验方法。为了检验独立决定条件假设，我们将会剔除北京地区，对霍斯曼和麦克法登（1984）的检验结果之间的差异加以比较。

（二）数据选择

根据现有文献，所使用的理想数据应当涵盖三个方面的信息：一是能够表示地区特征的一系列变量，比如环境规制等；二是在中国跨国投资的地点选择；三是对跨国公司企业社会责任的测量方法。只有成功合并的数据能够服务于研究目的。

1. 因变量

本章在跨国公司地点选择方面的数据是从全球财富 500 强企业的投资

数据库（1998～2007年）中获得的，这一数据由中国商务部提供。这个数据库包括了在中国的全球500强企业的每一个分公司的详细信息。分公司的总计数量是2553家。分公司首选的四个城市分别是：上海，579家；北京，350家；广东，322家；江苏，259家。这四个城市占了总量的将近一半。除此以外，全球500强的名单同样包括了一些金融领域的跨国公司。最后，当合并了企业社会责任的数据之后，本章获得了一个由217家跨国公司和6510个观测值组成的全样本。在这个样本中，如果i省被跨国公司j选择作为直接投资的地点，则因变量的值为1；否则，值为0。

2. 环境规制

正如前面提到的，对环境规制严苛程度的测量方法对于研究是起决定性作用的。环境规制反映了一个司法管辖区内的施加于污染排放上的约束，并且通常会使管辖区内的公司增加污染处理费用。借鉴文献中所用的技术，本章使用了三种度量标准。

第一个最为直接的度量标准是从污染处理费用的变化中产生的。达斯古普塔等（1997）的研究表明，排污费体系是中国污染控制制度中最为广泛应用的机制。在中国的地区间，对污染排放征收费用的严苛程度相当的不一样。因此，我们把被相应地区的制造业附加值标准化过的排污费总值作为环境规制变量的第一个度量标准（*ER*1）。标准化的原因是中国地区间的经济规模大相径庭。

第二个环境规制的度量标准主要是基于不同政府管辖区内环境保护的努力。与张和傅（2008）的研究相类似，我们把被相应地区制造业的附加值所标准化的对污染减排工程的投资额，作为环境规制变量的第二个度量标准（*ER*2）。对污染减排工程的投资包括企业用以建设、安装工程和购买污染减排工程所需设备器材的投资。这些污染减排工程主要用来治理污水、废气、固体垃圾、噪声污染和其他污染，因此，这一标准可以反映出政府在环境保护上的司法努力。

第三个度量标准则是基于对环境标准的执行力和监察力，因为这关系到能否对企业的违法行为构成有效的防范（Shimshack，2007）。中国已经在不同的政府层级上制定了许多环境方面的法律和规章条例，但是执行能力却很弱。对此，一个可能的原因是专业工作人员的缺失。例如，美国环境保护局的工作成员数量是中国相应机构环境保护部的数倍。考虑到环境标准的执行和监察能力依赖于本地环境保护机构的规模，而环保机构的规模大小在中国各个地区间差异很大，因此，我们使用被各个地区企业数量标准化过的本地环保机构公职人员数量作为第三个度量标准（$ER3$）。

此外，由于在取样期间西藏的环境数据最难以获得，西藏被排除在本研究之外。三个度量标准的数据都是由《中国环境统计年鉴》中获得的。

3. 企业社会责任（CSR）和交互项

关于企业社会责任的数据来源于企业社会责任中心的数据库（CSRHUB），这个数据库提供了 65 个国家中大约 5000 家公司的社会、环境、社区工作和管理水平等方面的评级。企业社会责任中心的数据库是第一个将 5 个最初的承担社会责任的投资分析公司的数据和超过 120 个有影响力的非政府组织的数据加以合并的数据库。通过使用一个专利系统映射并使大量的各类信息标准化，企业社会责任中心的数据库给被取样的公司提供了一个区间为 0 ~ 100 的评级标准。这一标准中，数值越高，企业社会责任的表现越好。考虑到我们的研究目的，环境的企业社会责任评级在这里特别适用。

因为我们使用了固定效应转换模型，企业社会责任（CSR）不能被视为一个单独的独立变量，否则它将被忽略。将企业社会责任的评级和环境规制的等级相乘，可以得到两个变量的交互项。这个交互项也被纳入实证模型中，可以避免数据值缺失的问题。这一处理的好处是，我们可以借此观测环境规制和企业社会责任之间的交互作用。方程（7.1）则可以重新被改写成下列方程式：

$$\pi_{ij} = \gamma_1 \times ER_j + \gamma_2 \times ER_j \times CSR_i + \hat{X}_{ij}\hat{\beta} + \alpha_i + \varepsilon_{ij} \tag{7.4}$$

其中，$\hat{X}_{ij}$表示其他控制变量的向量；而$\hat{\beta}$是相关的系数向量；γ_1 和 γ_2 则是被估计的系数。

假设企业社会责任（CSR）由一家公司给出，那么地点选择（收益）和环境规制（ER）之间的关系则可以由下列方程表示：

$$\frac{\partial \pi}{\partial ER} = \gamma_1 + \gamma_2 \times CSR \tag{7.5}$$

其中，$\frac{\partial \pi}{\partial ER}$表示环境规制对于公司收益或地点选择的边际影响。假设 $\gamma_2 > 0$，方程（7.5）表明，环境规制（ER）和地点选择（$\frac{\partial \pi}{\partial ER} > 0$）之间的正向关系需要 $CSR > -\frac{\gamma_1}{\gamma_2}$成立，这一情况没有支持污染避难所假说；反之，若 $CSR < -\frac{\gamma_1}{\gamma_2}$，则完全与污染避难所假说一致。$-\frac{\gamma_1}{\gamma_2}$是这一关系的分叉点。

4. 其他的地区特征

为了获得地区特征，在回归模型中一些控制变量不能被忽略。决定外国投资地点选择的两个最常见的因素是：潜在的市场规模和人力资本（Shatz and Venables，2000）。我们使用人均国内生产总值作为潜在市场规模的指标（Ben Kheder and Zugravu，2012）。系数前的符号预期为正。至于人力资本，反映出技术熟练的劳动力在总人口中的比重是非常必要的。借鉴科格林和赛格夫（Coughlin and Segev，2000）提出的观点，我们把受过高中及高中以上教育的人口数量作为人力资本的指标。而且，我们采纳了年龄为 15～64 岁的人口数量，以度量潜在的劳动力规模。可以推断的是，更多的劳动力数量和更高水平的人力资本对于外国投资者更加具有吸引力。因此，这两个变量前的系数预期都是正的。除此之外，产品质量要求也与 FDI 的决定显著相关，但我们可以忽视它，因为质量要求一般被用以国家层面的研究，所以可以假设产品质量在中国地区间是同质的（Wang，Lin and Chiou，2011）。地区特征的相关数据来源于《中国统计年鉴》。第三个重要的控制变量是外国投资的集聚。梁（Liang，2003）的研究表明，集聚效应正在成为影响外国投资地点选择的最重要因素。可以推测，如果一个地区获得许多的外国投资，它将变得更加有吸引力。流入的外国投资的数额（数据来源于中国商务部）被视作外国投资集聚程度的一项指标。

外国投资的地点选择也可能被腐败所影响（Javorcik and Wei，2005）。环境规制与政府腐败紧密联系在一起。一方面，如果宽松的环境规制吸引了外资，而我们也没能控制腐败，那么实证研究的结果就不能排除另一个可能的解释：是腐败而非宽松的环境规制吸引了外资。另一方面，在最腐败的地区，投资具有较高的风险，跨国公司可能因此避免在这些地区投资。正如吴一平和朱江南（Wu and Zhu，2011）所指出的那样，我们通过使用经过人口标准化过的腐败犯罪案件的数量来度量腐败程度。数值越高，这个地区越腐败。这些包括了白领犯罪的数据来源于《中国审计年鉴》。

地理上的劣势对跨国公司地点选择的决定也可能有显著的影响。借鉴魏和吴（Wei and Wu，2001）的方法，我们使用到主要口岸（港口机场）的距离来捕捉这一数据。距离越大，吸引外资的可能性就会越小。口岸变量前系数的符号预期为负。本地的基础设施可能也会影响到外资的地点决定。我们可以把公路和铁路的里程以及电信基础设施纳入回归分析，这两个因素都已被省级行政区的地域面积所标准化。基础设施相关变量的数据从中国经济信息网数据库（CEIN）中获得。

需要注意的是，我们对连续变量取对数，以此控制非线性关系。这包括了单位 GDP、聚集的外资、与主要口岸的距离、公路和铁路的里程，以及电信基础设施。所有独立变量的统计摘要见表 7－1。

表 7－1　　　　统计摘要

变量名	观测数	平均值	标准差	最小值	最大值	含义
*ER*1	6510	28.23	10.62	9.98	54.22	标准化污染排放费
*ER*2	6510	73.23	33.98	23.70	197.57	污染减排投资的标准化总和
*ER*3	6510	0.87	0.46	0.11	1.81	标准化地方环保局公务员人数
CSR	6510	62.41	7.92	36.00	76.00	企业社会责任
Log of per capita GDP	6510	9.30	0.53	8.30	10.63	人均国内生产总值的对数
Share of labor forces	6510	0.68	0.03	0.64	0.75	15～64 岁的人口比例
Share of high school education or higher	6510	2.33	0.65	1.21	4.32	接受高中或高等教育的人口比例
Log of foreign investment	6510	2.07	1.56	－0.83	4.79	汇总的外国投资的对数
Number of corruption cases	6510	28.81	7.53	13.36	45.35	标准化腐败案件数量
Log of distance to the nearest port	6510	2.52	0.79	0.00	3.73	距离最近的港口（上海或香港）的距离
Log of total length of highways	6510	－0.84	0.75	－2.98	0.07	公路/陆地总长度的对数
Log of total length of railways	6510	－0.01	0.88	－2.50	1.88	铁路总长度/土地面积的对数
Log of telecommunication transactions	6510	5.68	0.82	3.49	7.62	电信业务交易的对数

四、实证研究结果

（一）回归结果

回归结果见表7－2。表7－2包括3个采纳了不同环境规制度量标准的模型。比较3个模型的结果，我们发现，无论环境规制的度量标准有何不同，结果相当一致。我们会在接下来的章节中分别讨论结果。

表7－2　　条件转换模型结果（全样本）

	(1)	(2)	(3)
*ER*1	−0.0978** (0.0401)		
*ER*1 × CSR	0.00143** (0.000615)		
*ER*2		−0.0365** (0.0170)	
*ER*2 × CSR		0.000423* (0.000256)	
*ER*3			−2.614** (1.120)
*ER*3 × CSR			0.0387** (0.0170)
Log of per capita GDP	1.067*** (0.238)	1.242*** (0.224)	1.048*** (0.253)
Share of labor forces	4.986** (1.992)	3.937* (2.019)	4.852** (1.987)
Share of high school education or higher	0.175 (0.142)	0.0687 (0.140)	0.176 (0.143)
Log of foreign investment	0.485*** (0.0832)	0.433*** (0.0844)	0.489*** (0.0841)
Number of corruption cases	−0.0352*** (0.00714)	−0.0398*** (0.00716)	−0.0342*** (0.00740)

续表

	(1)	(2)	(3)
Log of distance to the nearest port	0. 0231 (0. 0711)	0. 186 ** (0. 0844)	0. 0106 (0. 0711)
Log of total length of highways	1. 196 *** (0. 104)	1. 176 *** (0. 104)	1. 202 *** (0. 107)
Log of total length of railways	0. 0303 (0. 0900)	0. 171 * (0. 0953)	0. 0363 (0. 0905)
Log of telecommunication transactions	0. 347 *** (0. 108)	0. 350 *** (0. 103)	0. 322 *** (0. 106)
Sample size	6. 510	6. 510	6. 510

注：① 如果跨国公司选择了省份，则因变量等于1；否则，因变量等于0。

② 我们用三个指标来衡量环境监管：*ER*1、*ER*2 和 *ER*3 分别表示污染排放费、污染减排投资和当地环保机构公务人员数。

③ 标准误差在括号内。*** 、** 和 * 分别表示在1%、5%和10%水平上显著。

模型1采用了环境规制的第一种度量标准：被地区制造业的附加值标准化过的排污费。环境规制前的系数是 -0.0978，这一数值在统计学上显著。而环境规制和企业社会责任前的系数是0.0014，同样在统计学上显著。

在方程（7.5）中，当 $-\frac{\gamma_1}{\gamma_2}=68$ 时，我们会获得分叉点。这意味着，CSR指标高于68的跨国公司在投资可能性和环境规制的严苛程度之间具有正向关系。而CSR指标低于68的跨国公司则有负向关系。然而，表7-1中的描述性统计信息表明，我们样本中的跨国公司CSR指标的最大值是76，只在分叉点以上一点点。因此，我们的结果在总体上支持了污染避难所假说，即较为宽松的环境规制对于跨国公司在中国的投资更加具有吸引力，特别是对于CSR指标低于68的跨国公司而言。换句话说，企业社会责任在这里扮演着重要的角色：具有更高社会责任感的跨国公司不大可能被宽松的环境规制吸引。特别地，如果CSR指标高于68，那么宽松环境规制的吸引力就会消失。这意味着，高度的社会责任感可以抵消宽松环境规制的吸引力。

在控制变量方面，比如人均GDP、劳动力份额和外资集聚，它们之前的系数都是正的，并且在统计学上显著，这和我们的预期相一致。人力资本前的系数也是正的，但却是不显著的。地区腐败程度前的系数也是负的，并且在统计学上显著，这表明高度的腐败会降低吸引外资的可能性。

口岸和铁路基础设施相关变量前的系数不显著，但公路和电信基础设施前的系数则为正，并且显著，这意味着外资确实偏好具有较高质量的公路和电信基建水平的地区。

表7－2中的模型2和模型3采用了第二种和第三种环境规制的度量标准：被制造业的附加值所标准化的对污染减排的投资总额，以及被各个地区企业数量标准化过的本地环保机构公职人员数量。在模型2中，环境规制前的系数是－0.0365，且在统计学上显著；而环境规制和社会责任的交互项前的系数为0.000423，也在统计学上显著，这和表7－2相一致。分叉点是86，这比CSR指标的最大值要高一些。这充分证明了我们的结论，即污染避难所假说大体上在中国适用，并且具有较高社会责任感的跨国公司不大可能被宽松的环境规制吸引。

在模型3中，环境规制前的系数是－2.614，且在统计学上显著；环境规制和社会责任的交互项前的系数为0.0387，同样在统计学上显著。这一模型中的分叉点是67.5，略微低于CSR指标的最大值。这仍然充分支持了我们的结论，即污染避难所假说在中国适用，但企业社会责任在其中扮演了非常重要的角色。宽松的环境规制只能够吸引那些社会责任感较弱的跨国公司，具有较高社会责任感的跨国公司不大可能被宽松的环境规制所吸引。在控制变量上，模型2和模型3中系数的正负符号和显著性水平与模型1和模型2中的类似，这支持了前面的发现成果。

（二）稳健性检验

出于政治因素的考虑，跨国公司偏好在北京投资，这会带来比中国其他地区更多的影响力。从这一角度而言，在北京的投资选择可能和在其他地区的投资选择不同。考虑到这些因素，回归模型在做估计时也舍弃了北京的样本，这同时也证明了独立决定条件假设（IIA）。结果见表7－3。模型1、模型2和模型3采用了不同的环境规制度量标准：分别是*ER*1、*ER*2和*ER*3。在所有模型中，环境规制变量前的系数都是负的，并且在统计学上显著。同时，环境规制和企业社会责任的交互项为正，也大体显著。所有控制变量的结果和全样本中的类似。作为一个整体，次级样本的估计与全样本相一致。

表7－3也报告了独立决定条件假设（IIA）的豪斯曼检验（Hausman test）。这些检验在三个模型中都无法拒绝独立决定条件假设（IIA）的原假设。这些结果表明，我们的估计是一致且合乎标准的。

表7－3　条件转换模型结果（不含北京地区的样本）

	(1)	(2)	(3)
*ER*1	-0.101** (0.0404)		
*ER*1 × CSR	0.00148** (0.000618)		
*ER*2		-0.0376** (0.0180)	
*ER*2 × CSR		0.000434 (0.000271)	
*ER*3			-2.768** (1.132)
*ER*3 × CSR			0.0412** (0.0171)
Log of per capita GDP	1.087*** (0.248)	1.301*** (0.233)	1.079*** (0.270)
Share of labor forces	5.017** (2.002)	3.993** (2.028)	4.896** (1.996)
Share of high school education or higher	0.184 (0.148)	0.100 (0.146)	0.186 (0.148)
Log of foreign investment	0.479*** (0.0869)	0.412*** (0.0887)	0.483*** (0.0877)
Number of corruption cases	-0.0361*** (0.00819)	-0.0431*** (0.00825)	-0.0355*** (0.00870)
Log of distance to the nearest port	0.0253 (0.0791)	0.212** (0.0927)	0.0166 (0.0805)
Log of total length of highways	1.203*** (0.105)	1.185*** (0.104)	1.211*** (0.107)
Log of total length of railways	0.0338 (0.0908)	0.184* (0.0965)	0.0404 (0.0914)
Log of telecommunication transactions	0.357*** (0.114)	0.382*** (0.110)	0.335*** (0.113)
Sample size	5829	5829	5829
Hausman test for IIA	Chi2(10) = 1.94	Chi2(10) = 1.85	Chi2(11) = 2.39

注：① 如果跨国公司选择了省份，则因变量＝1；否则，因变量＝0。

② 我们用三个指标来衡量环境监管：*ER*1、*ER*2 和 *ER*3 分别表示污染排放费、污染减排投资和当地环保机构公务人员数。

③ 括号内表示标准误差。***、** 和 * 分别表示在1%、5%和10%水平上显著。

考虑到这一研究中样本的局限性，我们采用了埃弗龙（Efron，1979）提出的自助法。如果人口分布是未知的并且样本大小是有限的，使用自助法就可以避免对现有数据的依赖。50 个子样本中的结果表明环境规制变量前的系数为负，并且在统计学上显著；而环境规制和企业社会责任的交互项仍然是正的，并且在统计学上显著，这也证实了我们之前的发现。

五、结　论

在分析了污染避难所假说的激烈讨论之后，通过使用条件转换模型和来自中国的跨国公司投资数据，本章首次把企业社会责任的角色纳入对环境规制和外资之间关系的检验中。我们的结果总体上支持了污染避难所假说，即宽松的环境规制对于跨国公司在中国的投资更加具有吸引力。然而，企业社会责任同样扮演着重要的角色。特别地，具有更高社会责任感的跨国公司不大可能被宽松的环境规制所吸引。无论是哪种环境规制的度量标准和模型规范，我们的结论都非常稳健并且是一致的。

本章的主要贡献是：通过引入企业社会责任的观点，为污染避难所假说的研究提供了新的线索。之前的研究对发展中国家之间可能的竞争已经有了足够的关注，而跨国公司的异质性在很大程度上被忽视了。考虑到企业社会责任，即使污染避难所假说大体适用，企业社会责任在跨国公司的地点选择和本地环境规制的严苛程度之间的关系中扮演了重要的角色。高度的企业社会责任通常能够抵消宽松的环境规制带来的吸引力。考虑到跨国公司在中国的巨大影响，我们建议中国有选择地吸纳跨国公司以减少环境危害。如果跨国公司在环境问题上负责任，它们将会刺激中国国内的同行模仿其行为。但是，如果中国选择了企业社会责任记录较差的跨国公司，那么环境很可能因此受到损害。

第八章

全球化与能源消耗

——以长三角为例*

一、背　景

（一）全球化与长三角

长江三角洲是长江入海之前的冲积平原。广义的长江三角洲地区指上海市、江苏省和浙江省组成的经济圈，其核心区包括上海、南京、苏州、无锡、常州、扬州、镇江、南通、泰州、杭州、宁波、湖州、嘉兴、金华、温州、绍兴、舟山、台州等18个市，是现在中国最发达的地区，也是我国最早开放与外国贸易的地区之一。该地区聚集着大量的城市，形成了世界上城市最密集的地区之一（Gottmann，1961）。长江三角洲占地面积99600平方公里，截至2010年人口总数超过10500万，其中约8000万为城市人口。由于长三角巨大的生产制造能力，罗夫琛和马尔科图利奥（Lo and Marcotullio，2001）将其称作亚洲新兴“世界制造带”（World Manufacturing Belt）的主要成员。从20世纪90年代开始，长三角地区经济的快速发展引起了世界的关注，更多的学者开始关注长三角的发展（Zhang，2006）。由于长三角地区经济的快速增长和空间扩展（spatial expansion），

---

* 本章翻译自以下英文文章：Bu M.，Luo H.，“Globalization and Energy Consumption in the Yangtze River Delta”，in Yao S.，Herrerias M. J. ed.，*Energy Security and Sustainable Economic Growth in China*.

霍尔（Hall，2002）把长江三角洲地区当作21世纪超大城市的典范。弗里德曼（Friedmann，2005）以长江三角洲为例，研究了中国城市转型和“自下而上”的城市化进程。最近，南京大学长三角经济与社会发展研究中心发表了一系列关于长三角地区的研究报告（Liu and Zheng，2011，2012）。

长江三角洲地区的发展与中国从1978年开始实行的改革开放政策有着非常密切的关系。中国经济面貌从此焕然一新（Naughton，2007）。引进外商直接投资成为中国市场经济建设的重要组成部分，同时也是中国在面对经济全球化和国际分工中采取的积极的应对措施。从1978年开始，外商在中国的直接投资金额每十年都会有巨大的增长。2014年中国首次超过美国成为世界上最大的FDI流入国。图8－1所示为中国1984～2010年外商直接投资金额的变化情况。表8－1为1979年、2000年、2010年世界十大外商直接投资流入国。1979年中国接收FDI仅为80万美元，世界排名第126位；2000年排名第9位；而到了2010年，中国已经成为仅次于美国的世界上第二大FDI流入国家。可以看出，中国在引进FDI方面已经发生巨大的改变，并且FDI保持着较高的增长速度。

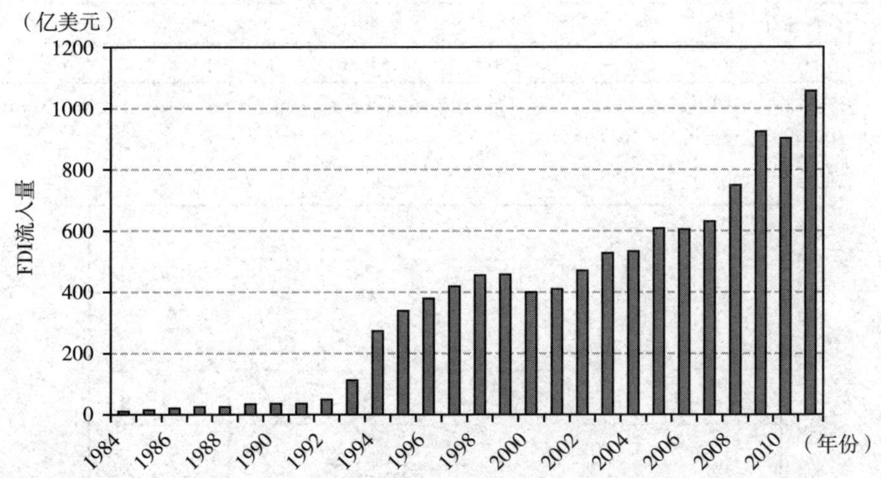

图8－1　中国接收FDI变化（1984～2010年）

资料来源：《中国统计年鉴（2011）》。

作为中国对外开放最早的地区，长江三角洲也比中国其他地区更早地接收外商直接投资，同时也吸引了大量的外商直接投资。图8－2为长江三角洲地区1984～2009年外商直接投资变化情况。图8－3为长江三角洲地区 1985 ~ 2010 年 FDI 流入增长率变化情况。从图 8 - 3 可以看出，从 20 世纪 80 年代中期到 90 年代初期，尽管 FDI 的量仍然很少，但 FDI 保持着较高的增长速度。在此之后，FDI 每年保持 10% 左右的增长速度。图 8 - 4 为 1992 ~ 2010 年长江三角洲地区 FDI 占全国的比重。从图 8 - 4 可以看出，长江三角洲地区接收了大量的 FDI，占全国外商直接投资总额的一半。

表 8 - 1　世界十大 FDI 流入国（1979 年、2000 年、2010 年）

序号	1979 年		2000 年		2010 年	
	国家或地区	FDI（10 亿美元）	国家或地区	FDI（10 亿美元）	国家或地区	FDI（10 亿美元）
1	美国	8.7	美国	314	美国	228
2	英国	6.5	德国	198.3	中国	106
3	加拿大	5.3	英国	118.8	中国香港	69
4	法国	2.7	比利时—卢森堡	88.7	比利时	62
5	巴西	2.4	加拿大	66.8	巴西	48
6	德国	1.7	荷兰	63.9	德国	46
7	荷兰	1.7	中国香港	61.9	英国	46
8	澳大利亚	1.5	法国	43.3	俄罗斯	41
9	西班牙	1.4	中国	40.7	新加坡	39
10	埃及	1.2	西班牙	39.6	法国	34

资料来源：中国国家统计局，《改革开放 30 年系列报告》，http：//www. stats. gov. cn/tjfx/ztfx/jnggkf30n/t20081117_402517351. htm。

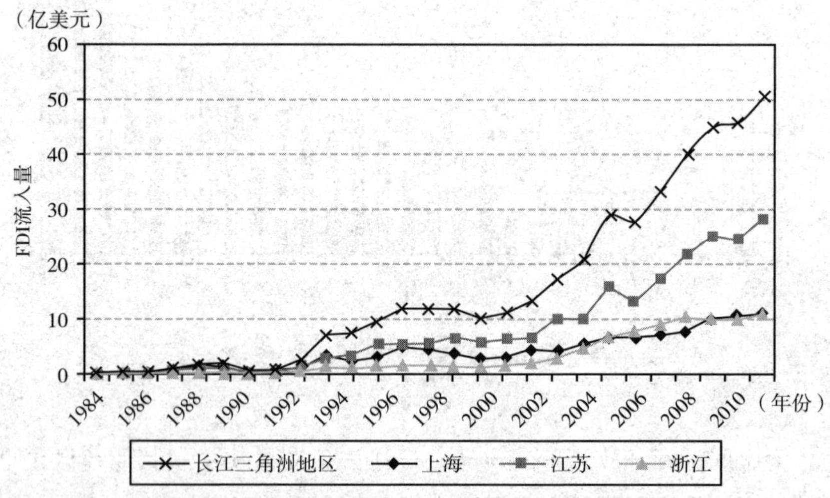

图 8 - 2　长江三角洲地区 FDI 变化（1984 ~ 2010 年）

资料来源：《中国统计年鉴（2011）》。

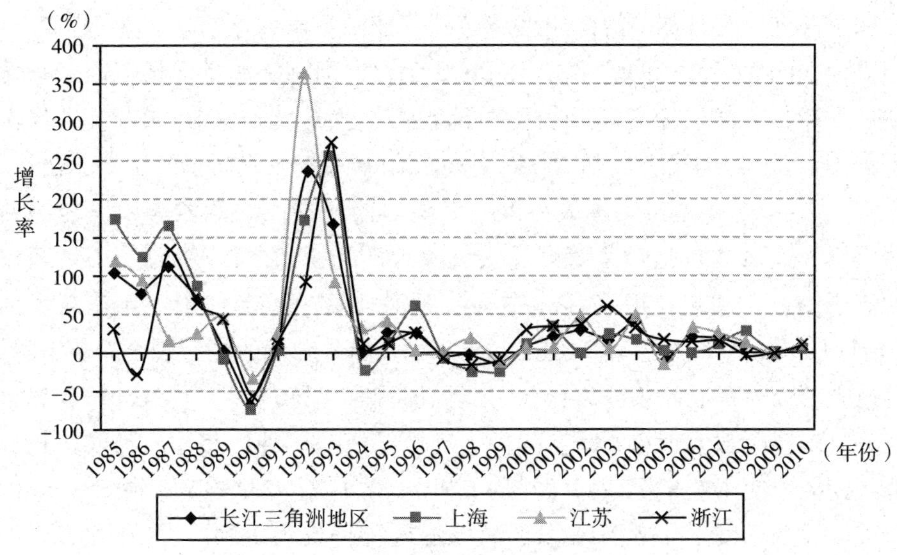

图 8－3　长江三角洲地区 FDI 增长率

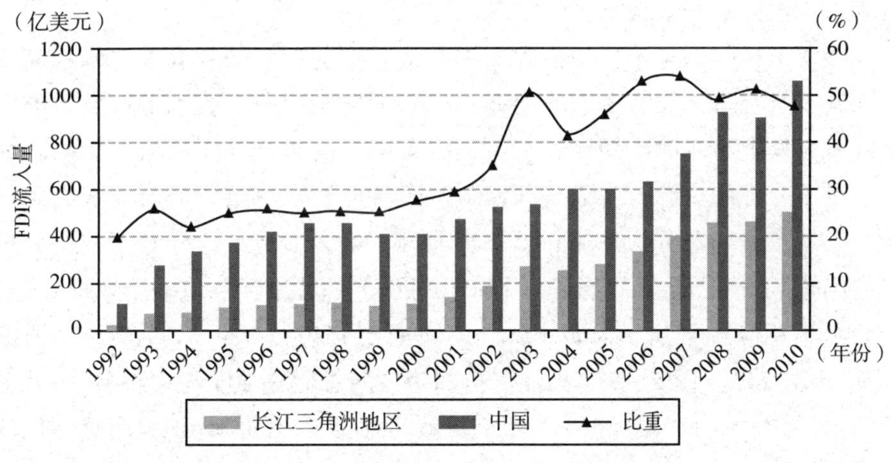

图 8－4　长江三角洲地区 FDI 占全国的比重

（二）能源消耗

作为世界上最大的发展中国家，中国也是世界上能源生产和消耗大国。从 20 世纪 90 年代开始，中国经济的快速发展和人民物质生活的不断改善导致了能源消耗的迅速增长。1993 年之后中国从一个能源进出口国变为能源仅进口国，本国的能源生产已经不能满足国内的需求。能源供给逐步成为中国经济发展的“瓶颈”。2008 年，中国的能源生产量仅次于美国和俄罗斯世界排名第三，然而能源消耗占世界总能源消耗的 1/10，仅次于美国。根据国际能源机构（International Energy Agency，IEA）统计，2009 年中国有望超过美国成为世界上能源消耗最大的国家。中国能源使用量增长速度之快是一个很罕见的现象，2000 年中国的能源使用量还仅为美国的½；2000～2008 年，中国能源消耗量超过上一个十年消耗量的 4 倍（Herrerias et al.，2012）。从 1978 年开始，中国的能源强度逐步下降，恰逢中国改革开放政策的施行。与全国能源强度降低保持一致，长江三角洲地区的能源强度也在不断地降低。与珠江三角洲地区相比，长江三角洲地区的能源使用效率更高，已经从 1999 年 0.45 千克标准煤降到 2009 年的 0.15 千克标准煤，但长江三角洲的能源效率仍仅为美国的 1/10 和日本的 1/5。进一步降低单位 GDP 能源消耗、提升生产技术和管理技能是节省能源和减少污染的长期措施。

能源消耗的类型不仅与能源效率有关，还与能源绩效有关。煤炭能源强度主要与空气污染有关，如 PM2.5、二氧化硫、一氧化碳等。电力的清洁程度与发电所用的能源种类有关，因为电力的生产和使用所产生的环境问题是不一样的。综合考虑不同能源对经济的影响以及我们所能收集到的数据，本章将能源分为总能源、煤炭能源、电力能源。这样利于我们分析不同因素对不同能源的影响。同样，我们将能源强度（energyintensity，EI）分为总能源强度（total EI）、煤炭能源强度（coal EI）和电力强度（electricity EI）。图 8－5 为长江三角洲地区的总能源强度[①]变化趋势。从图 8－5 可以看出，1999～2010 年长三角地区两省一市的总能源强度总体保持持续降低。浙江和江苏的总能源强度分别由 2000 年的 0.0105343、00121138 降到 2010 年的 0.006658、0.0072769，降幅均超过了 35%；而上海则由 2000 年的 0.0073484 降到了 2010 年的 0.0034583，降幅超过了 50%。图 8－6 和图 8－7 分别为长三角地区煤炭能源强度[②]和电力能源强度[③]变化趋势。从图 8－6 和图 8－7 可以看出，尽管浙江和江苏的煤炭能

① 总能源强度为能源消耗量与 GDP 的比，单位分别为百万吨标准煤和亿元。

② 煤炭能源强度为煤炭消耗量与 GDP 的比，单位分别为百万吨标准煤和亿元。

③ 电力能源强度为电力消耗量与 GDP 的比，单位分别为百万兆千瓦时和亿元。

源强度和电力能源强度在 2000 ~ 2010 年是波动的，但总体是保持递减的。从图 8 -5 到图 8 -7 可以看出，上海的三种能源强度在同一年一般均低于浙江和江苏，这是因为上海是一个金融导向型城市，而浙江和江苏则是制造业导向型省份。

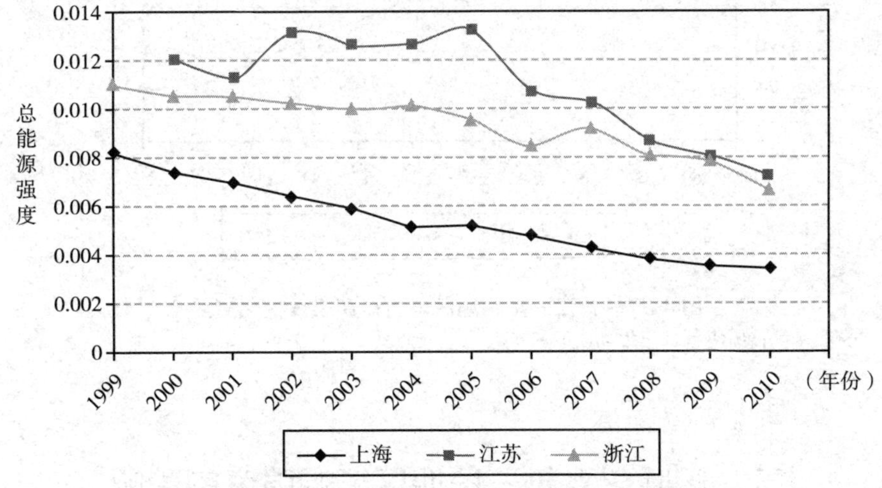

图 8 -5　长江三角洲地区总能源强度变化趋势

资料来源：历年《长三角统计年鉴》。

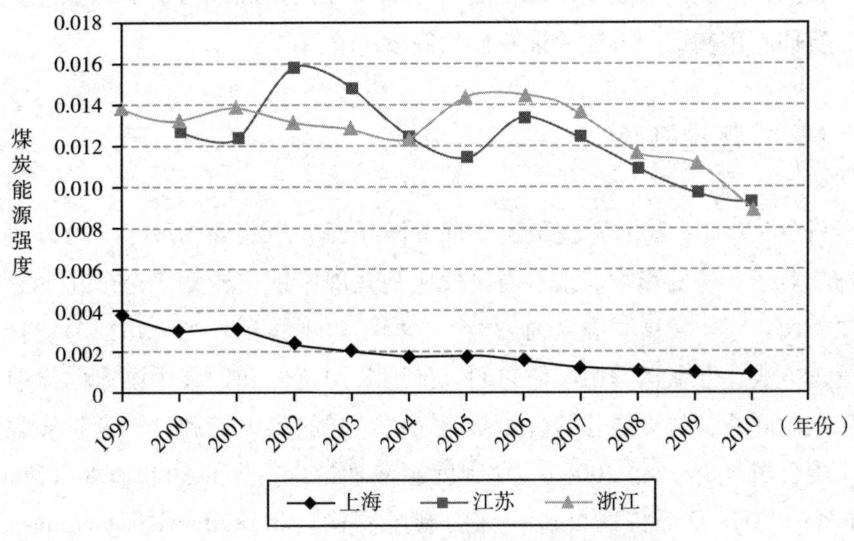

图 8 -6　长江三角洲地区煤炭能源强度变化趋势

资料来源：历年《长三角统计年鉴》。

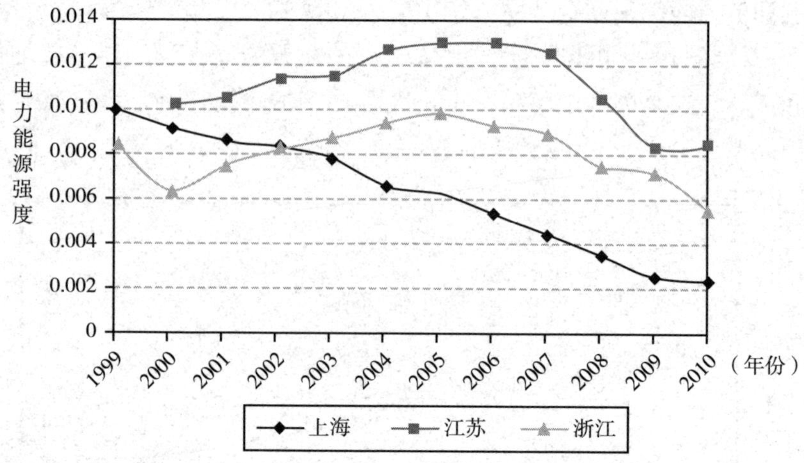

图 8-7 长江三角洲地区电力能源强度变化趋势

资料来源：历年《长三角统计年鉴》。

二、国际化对长三角地区能源强度的影响

我们首先提出假设：全球化能够降低长江三角洲地区的能源强度。然后，我们利用实证的方法验证我们的假设。

（一）理论机制

科尔（Cole，2006）提出，要理解国际开放与能源的关系，可以研究全球化对于环境的影响。技术溢出效应是发展中国家受益于全球化的一个重要方面。对于发展中国家的公司，它们可以观察到外国公司的节能技术和管理方法，并在运营中模仿它们。外国公司可以和发展中国家建立前向和后向的联系，这样国外的公司就能通过共同的供应商和分销商将知识传到国内公司（Spence，2008）。在制度经济理论中，斯特朗和迈耶（Strang and Meyer，1993）将这个过程称为制度同构（institutional isomorphism）。迪马乔和鲍威尔（Dimaggio and Powell，1983）总结了三种主要导致制度同构的外力，分别是强制、模仿和规范。这样，发展中国家的公司节能减排的能力能够因此得到提高。阿尔博诺兹（Albornoz，2009）等提出了一些表明环境溢出效应存在的证据。

全球化对能源降低效应的另外一个机制来自外国客户的压力。由供应商生产产生的环境污染可能会影响到外国客户在本国的社会合法性（social legitimacy）。班萨尔和罗斯（Bansal and Roth，2000）指出，个体公司为了应对国际规范，即使缺乏政府强制要求，它们也会迫使自己符合国际标准。众多文献都强调了这一点。克里斯特曼和泰勒（Christmann and Taylor，2001）指出，这种压力迫使发展中国家的企业不断地自我调节。通过自我调节，这些公司达到并超越政府要求，并提高它们的环保性能。其他研究突出了这种压力对向上贸易（trading up）的作用，如沃格尔（Vogel，1995）和杨（Young，2003）等的研究。向上贸易是指低环境标准国家的出口商想在高环境标准国家获得市场份额，被迫满足其贸易伙伴更严格的环保标准。安多纳瓦（Andonova，2003）指出，这些公司在国际市场中承受着声誉上的压力。这种机制的重点在于：（1）环境有关的压力是通过跨国供应链产生的；（2）压力可以由出口企业内化并转变为实际的行为（如环境绩效的改善）。

目前，有大量的关于全球化和环境关系的研究文献，但这些文献却很少关注全球化与区域能源消耗。只有很少的文献研究了贸易和 FDI 对节能技术和采用更好的能源管理的推广和实施的影响。艾斯克兰德和哈里森（2003）通过比较国外工厂和国内工厂，发现国外工厂比国内工厂具有更高的能源效率，使用更多的清洁能源。巴川科瓦和戴维斯（Batrakova and Davies，2012）分析了企业变为出口商对能源消耗的影响。他们利用公司级数据理论，在实证上发现能源使用量增加但出口与能源强度负相关。这是因为产量增加以及运输量的增加将消耗更多能源，由于采用更多的节能技术，能源强度反而降低。然而，霍本和凯勒（Hübler and Keller，2010）从 60 个发展中国家（包括中国）的样本中获得的结论，并没有证实 FDI 对能源强度有一般或者同一的影响。埃雷里亚斯等（Herrerias et al.，2012）发现，对 FDI 和进口的开放已经成为降低中国能源强度的重要推动因素。

（二）实证研究

我们从长江三角洲地区所覆盖的两省一市共 16 个城市①的统计年鉴收集了需要的数据，主要包括 1999～2010 年各市的总能源消耗量、煤炭消耗量、电力消耗量、国内投资、FDI、进口金额、出口金额、能源价格②等。

本章采用埃雷里亚斯等（2012）的模型建立标准的时间序列横截面模型（time series cross－sectional model，TSCS）来分析 1999～2010 年长三角地区 16 个城市 FDI 与能源强度的关系。表 8－2 为国内投资和国外投资对能源强度的影响（回归中我们控制了其他可能影响能源强度的影响因素，如产业结构、进出口份额、能源价格等）。回归结果显示，FDI 和国内投资的系数均为负数。在以总能源强度和煤炭能源强度为因变量的回归中，FDI 显著地降低了总能源强度和煤炭能源强度。FDI 对电力能源强度没有显著性，这可能是由于 FDI 对不同能源的能源强度有不同的作用。这些发现支持 FDI 能够促进长三角地区外国节能技术的发展和使用的结论。由于不同节能技术对不同能源有不同的作用，所以它们对能源强度的影响也不一样。

表 8－2　　能源强度和根据能源来源加以分类的投资所有权

因变量	总能源强调	煤炭能源强度	电力能源强度
外商直接投资	－0.0925***	－0.119**	－0.029
国内投资	－0.0787**	－0.0628	－0.0414
R－squared	0.638	0.446	0.135

注：* 表示 $p<0.10$，** 表示 $p<0.05$，*** 表示 $p<0.01$。为了简洁，控制变量包括制造业的份额、进口份额和能源价格在表中均未体现。但这些结果可根据请求提供。这些标注也适用于表3。

在中国，不同的行政区域有很多不同的政策，因此区域异质性对研究结果可能会产生影响，我们将区域异质性纳入考虑范围。根据行政区

① 16 个城市包括上海，以及江苏的苏州、无锡、常州、镇江、南京、扬州、泰州、南通、杭州、宁波、嘉兴、湖州、绍兴、舟山和台州。

② 由于数据的限制，本章中的能源价格采用 British Petroleum 发布的原油价格作为能源价格。http：//www.bp.com/sectionbodycopy.do？categoryId＝7500andcontentId＝7068481。

域的划分，我们将长江三角洲地区划分为三个地区：上海、江苏和浙江。表 8－3 为考虑区域异质性的回归结果。回归结果显示，FDI 都显著地降低不同区域的总能源强度和煤炭能源强度。国内投资在三个区域都没有显著地降低不同能源强度。研究还发现，在三个地区 FDI 对电力能源强度的影响并不相同；FDI 显著降低了上海的电力能源强度；FDI 降低了江苏的电力能源强度，但并不显著；FDI 提高了浙江的电力能源强度，但并不显著。这可能是不同地区的行政政策所导致的结果。

表 8－3 能源强度和根据存在地区异质性的能源来源加以分类的投资所有权

	总能源强度	煤炭能源强度	电力能源强度
FDI × Grid1	－0. 572 ***	－1. 078 ***	－0. 559 ***
FDI × Grid2	－0. 136 **	－0. 177 **	－0. 0725
FDI × Grid3	－0. 101 ***	－0. 108 *	0. 0521
国内投资	－2312	－1893	－1313
R－squared	0. 645	0. 497	0. 21

注：Grid1 =1 代表上海，0 代替其他；Grid2 =1 代表长三角中属于江苏的城市，0 代表其他；Grid3 =1 代表长三角中属于浙江的城市，0 代表其他。

总之，FDI 无疑是降低长三角地区能源强度重要的推动因素之一。FDI 对降低不同能源强度具有不同的作用；同时，由于区域异质性，FDI 在不同地区对能源强度有不同的作用。

三、结 论

近年来，许多文献实证研究了全球化与环境的关系（Bu et al.，2011，2013；Cole and Elliott，2003；Grossman and Krueger，1991），然而，研究全球化对能源使用的影响和 FDI 对能源使用的影响的文献还很少。正如科尔（2006）所指出的，这种对全球化对能源使用的影响的忽视是令人惊讶的，因为能源的使用尤其是化石燃料的燃烧是空气污染的主要来源。环境变化是另外一个造成环境污染的重要因素。桑那·兰达乔（Sanna－Randaccio，2012）指出，FDI 可能在低碳经济中发挥了关键作用。跨国企业可以在三个重要方面为减缓气候变化做出贡献：提供节能减排技术、资金支持和管理资源约束型经济的技能。另外，考虑到保持竞争力和避免技术泄露等因素，公司在国际间流动这一事实可能会限制单方面实施污染减排措施的可能性。因此，本章分析了全球化对能源强度的影响以弥补现有文献中对全球化对能源使用影响研究的不足。

长江三角洲地区不仅对中国制造业做出了重要贡献，还是中国参与全球化的最重要体现。长江三角洲地区为我们研究全球化对能源消耗的影响提供了非常好的例子。另外，中国的改革政策在很大程度上取决于当地政府的实验，长江三角洲地区的经验可以在很大程度上影响其余地区的发展路线。为了更好地了解中国的未来，我们需要了解长江三角洲地区正在发生着什么。

本章利用长江三角洲地区 16 个城市 1999 ~ 2010 年的面板数据研究了 FDI 对能源使用的影响。特别地，本章采用面板修正标准误差模型（panel - corrected standard errors models，PCSE），这使我们可以考虑所熟知的由不同空间和时间跨度引起的异质性。研究发现，FDI 有效地改善了长江三角洲地区的能源效率。本章研究了 FDI 对总能源强度、煤炭能源强度和电力能源强度的影响，发现结果相似。考虑到长江三角洲的内部差异，我们通过进一步的实证研究来捕捉区域异质性。结果支持在不同的地区 FDI 对降低能源强度有显著作用及不同地区之间存在较小的差异这一结论。

我们认为，FDI 对长江三角洲地区能源效率的影响主要有两个方面：一是技术溢出效应。外国投资者一般都配备了高效的节能技术和丰富的能源管理技能。二是不断增加的压力。随着越来越多的外商直接投资，长三角地区面临越来越多的国际公众监督，这可能使这个地区进行更多的自我规管，以打造绿色形象。

第九章

外商直接投资、地区吸收能力与能源消费强度

一、引　言

过去几十年，中国经济高速发展的同时，外资大量流入，中国成为发展中国家中最大的外商直接投资流入国。2016 年，中国利用外资 1390 亿美元，同比增长 2.3%，创历史新高，并稳居全球前列，① 外资为中国经济社会的发展注入了强劲的动力。但与之相伴的，高强度的能源消耗和环境污染问题受到了越来越多的关注。中国作为最大的发展中国家，仍处于工业化和城镇化的进程当中，能源需求十分旺盛。中国是全球最大的能源消费国，消费增速稳居世界第一，2015 年 1.5% 的增长速度远高于其他国家。严峻的能源问题成为经济发展与可持续增长的重要约束，节能减排和降低能源消费强度广受重视。继“十二五”规划能源消费强度目标顺利完成后，《能源发展“十三五”规划》提出了单位 GDP 能耗降低 15% 和单位 GDP 碳排放降低 18% 的指标要求。同时，中国作为最大的发展中国家，积极承担节能减排、绿色发展的国际责任，承诺相较于 2005 年，到 2030 年底，实现碳排放下降 60%～65% 的目标。

FDI 作为经济发展的重要引擎，在推动经济增长的同时，对能源问题的解决将发挥何种效应及其作用机制引发了越来越多的思考。其中，FDI

① 联合国《世界投资报告》称，2016 年中国利用外资保持稳定增长，较上年增加 2.3%，达 1390 亿美元，保持在全球第 3 位。

的技术转移效应成为这一问题的重要突破口，为包括中国在内的发展中国家能源消费强度的下降提供了重要的理论支撑。相比于东道国企业，外国企业享有更高的绿色技术，有着更好的环境表现和更低的能源消费强度。这些先进的绿色节能技术通过 FDI 从发达国家转移到发展中国家，降低了发展中国家的能源消费强度，这就是技术转移效应（technology transfer effect）。诸多学者对 FDI 的能源消费强度下降效应进行了验证，但是结果并不相同。例如，埃雷里亚斯等（2012）和埃利奥特等（Elliott et al.，2013）分别在我国省级和市级层面，研究了 FDI 对地区能源消费强度的影响，均证实了两者之间存在显著的负向关系。而霍本和凯勒（2010）运用包括中国在内的 60 个发展中国家的数据分析了 FDI 对于能源消费强度的影响，发现 FDI 与能源消费强度并无一致性的负向关系。董利（2008）发现 FDI 对能源效应并无显著影响。同时，滕玉华、陈小霞（2009）发现 FDI 的流入对产业能源效率起着负向作用。

FDI 对能源使用的影响是一个复杂问题，受不同国家间能源禀赋、制度环境、经济发展等诸多因素的影响。地区间差异性，特别是 FDI 技术溢出吸收能力的差异，一定程度上解释了上述研究结果的不一致性。我国各地区发展阶段、能源禀赋不同，能源需求也不尽相同。同时，地区间政策偏向不同，因而研究中国能源问题必须考虑地区异质性。地区异质性除表现为经济发展水平或地理区位上的差异，更多的体现在对 FDI 技术溢出效应的吸收能力的差异性上。傅（Fu，2008）认为，技术差距一定程度上代表了技术吸收能力，这对于技术溢出效应的发挥极为关键。如果地区技术支出占比较高，那么这一地区企业与外国企业间的技术差距缩小的可能性越大，对于 FDI 的技术溢出吸收能力越强。地区差异性，特别是地区间吸收能力的不同将是本章的研究重点。

基于中国 2000～2014 年 30 个省（区、市）的数据，本章分析了 FDI 对于地区能源消费强度的影响。通过对东部、中部和西部不同地区分样本以及地区间技术溢出吸收能力异质性的分析，剖析了 FDI 对地区能源消费强度的作用机制。研究表明，FDI 能够显著地降低地区能源消费强度，吸收能力更强的地区能源消费强度更低。同时，东部、中部、西部由于外资结构、技术分布的差异，FDI 对能源消费强度的影响存在不同。将地区异质性，特别是将吸收能力差异性纳入分析框架中，构成了本章研究的一大特色。此外，将能源消费强度分为能源总强度、煤炭消费强度、电力消费强度三个维度，从全体部门能耗和工业部门能耗两个方面进行分析，也使本章研究结果更加无偏精准。

二、文献综述与理论假说

（一）能源消费强度与技术转移效应

随着经济的高速增长，能源成为制约经济发展的重要因素，能源消费强度问题成为诸多学者关注的重点。能源消费强度被广泛地定义为单位产出所需要消耗的能源量。能源消费强度的下降及其变化背后的机制被广泛关注，越来越多的学者将对这一问题的研究转向贸易与能源消耗这一框架。阿卡冉维茨和奥特克（Acaravci and Ozturk，2010）认为大量温室气体的排放源于大规模能源的使用。由于能源消耗与环境污染尤其是空气污染高度相关，分析贸易对能源消费强度的影响可以基于贸易与环境的框架。

在贸易与发展中国家环境污染的研究框架中，主要的焦点集中于对“污染避难所效应”（PHH）的争论。这一理论认为发达国家的外资会流向环境规制更为宽松的地区，转移污染性行业或者活动，产生“竞次”效应。一些学者的研究为这一理论提供了证据。李斯特和科尔（2000）通过对跨国公司选址问题的研究发现，FDI 与环境规制严厉程度呈现显著的负向关系。张三峰和卜茂亮（2011）证实了弱环境规制与企业生产率之间的联系。不同国家样本的研究也证实了污染避难所效应的存在。但是，与之相反，一些学者的研究对于污染避难所效应提出了挑战。艾斯克兰德和哈里森（2003）通过对美国关于墨西哥、委内瑞拉、摩洛哥和科特迪瓦四个发展中国家投资的分析，并没有发现 FDI 与环境规制间的显著关系。卜茂亮和瓦格纳（Bu and Wagner，2016）将企业环境能力与不足纳入分析框架中，发现“竞优”与“竞次”效应同时存在。有关污染避难所理论研究结果的不一致性需要寻找新的分析视角，而有关能源消费强度的研究可以看作这一理论的延伸。东道国企业通过吸收 FDI 所带来的先进技术溢出，提高能源使用效率，降低能源消费强度。因而，污染避难所理论的不合理性可以通过技术转移效应得到很好的解释。

外资企业相比本土企业拥有更好的环境表现，而外资流入不同行业，将通过高水平劳动力的流转、生产率的提升、先进管理经验的引入，提高生产效率和能源利用效率。具体而言，FDI 所带来的技术转移效应主要体现在三个方面：一是示范效应。外国资本和技术进入当地，起到了积极的示范作用。本土企业通过观察、模仿、创新享有后发优势。二是就业效应。桑吉（Saggi，2002）认为，劳动力流转带来高水平劳动力的同时，也带来了丰富的知识，本土企业可以通过劳动力的流转吸收外国企业先进的技术。三是供应链效应。斯宾塞（Spencer，2008）认为，外国企业通过与消费者、供应商的联系，间接传递了技术。而本土企业通过与外国企业共享消费者或供应商，能够吸收技术溢出。FDI 通过上述技术转移效应，能够有效地降低能源消费强度。基于上述分析，我们提出

假说 1：FDI 的技术转移效应能够降低地区的能源消费强度。

（二）技术溢出的吸收能力

一些学者通过对中国省级或行业数据的分析，证实了 FDI 与能源消费强度间的负向关系。然而，他们并没有关注技术溢出吸收能力的差异，这也一定程度上解释了董利（2008）以及滕玉华、陈小霞（2009）等学者研究结果的不一致。刘亦文等（2016）基于我国省域数据发现能源技术进步会显著地降低地区能源消费强度，然而 FDI 对于能源消费强度下降的效应也未能得以证实。节能技术的转移来源于外国企业与本土企业间的技术差距，差距越大，本土企业越有可能提高能源使用效率。但是，过大的技术差距对本土企业的技术吸收能力提出了挑战。为了采用更加高效的节能技术，当地企业需要投入更高的成本以减小其与外国企业间的差距。

研究中国的能源消费强度问题，必须考虑地区间异质性。由于经济发展水平与发展模式不同、能源分布不平衡、能源政策偏向欠发达地区、政策执行力度存在差异等诸多因素，我国各地区间能源需求与节能技术存在显著的异质性。但是，FDI 对地区能源消费强度异质性的影响不能仅考虑地区间发展水平或地理区位的差异，更需要考虑地区间技术溢出吸收能力

的不同。科恩和利文索尔（Cohen and Levinthal，1989）认为，吸收能力指的是一个地区或企业识别、模仿和利用知识、技术的能力。李晓钟和张小蒂（2004）以及陈媛媛和王海宁（2011）都强调了吸收能力对于FDI溢出效应的重要性。与以往研究不同，本章的吸收能力体现了上述提及的缩小本土企业与外国企业间技术差距的能力。如果一个地区的科技支出占比较高，其更加有能力缩小当地企业与外国企业之间的技术差距，促进其对FDI技术溢出吸收能力的提升，从而享有更低的能源消费强度。基于上述分析，我们提出

假说2：FDI对地区能源消费强度的影响受地区对FDI技术溢出吸收能力的影响，吸收能力越强的地区，FDI对其能源消费强度的减少越显著。

三、计量模型与数据说明

（一）模型构建

本章采用2000~2014年30个省（区、市）的数据，分析FDI对于各地区能源消费强度的影响。计量模型设定如下：

$$EI_{it} = \alpha + \beta FDI_{it} + \theta Controls_{it} + \varepsilon_{it} \quad (9.1)$$

考虑到地区对FDI技术溢出吸收能力的差异，在式（9.1）中纳入吸收能力变量及其与FDI的交互项。计量模型变动如下：

$$EI_{it} = \alpha + \beta_1 FDI_{it} + \beta_2 AC + \beta_3 AC \times FDI + \theta Controls_{it} + \varepsilon_{it} \quad (9.2)$$

其中，i和t分别代表地区和年份；EI是因变量，表示各省（区、市）的能源消费强度；$Controls$代表控制变量，在后面会详细介绍；α、β_1、β_2、β_3是估计系数；ε_{it}是随机干扰项。

（二）变量解释

（1）能源消费强度。本章的被解释变量是地区能源消费强度，用EI表示。本章地区间能源消费强度从三个维度衡量：一是能源总强度，代表

地区能源消耗总量与地区总产值的比值；二是煤炭消费强度，代表地区煤炭消费总量与地区总产值的比值；三是电力消费强度，代表地区电力消费总量与地区总产值的比值。由于不同能源使用的技术需求不同，且污染程度不同，所以 FDI 对各地区细分能源消费强度的影响可能存在不同。此外，考虑到工业部门是我国能源消费的重头，能源消费量占全国能源消费总量的 70% 左右，工业部门的地区能源消费强度对于节能减排更具有现实意义。本章还研究了各地区间的工业能源消费强度。和上述总体部门能源消费强度相同，也从三个维度衡量：一是工业能源总强度，代表地区消费消耗总量与地区工业增加值的比值；二是工业煤炭消费强度，代表地区煤炭消费总量与地区工业增加值的比值；三是电力消费强度，代表地区电力消费总量与地区工业增加值的比值。

（2）外商直接投资。本章的核心自变量是外商直接投资，用 FDI 表示，代表各地区外资流入量与地区产值的比值。根据假说 1，FDI 与地区能源消费强度之间存在负向相关关系，β_1 预期为负。

（3）地区吸收能力。地区间对 FDI 技术溢出吸收能力的异质性是本章关注的重点，用 *AC* 表示，代表各地区科技支出在财政支出中所占的比重。同时将吸收能力与 FDI 的交互项 $FDI \times AC$ 纳入我们的研究框架，分析吸收能力与 FDI 的相互作用效应。地区科技支出占比越高，意味着其越有能力缩小当地企业与外国企业间的技术差距，吸收能力越强，FDI 对于地区能源消费强度的下降效应越能得以发挥，所以预期 β_2 和 β_3 均为负数。

（4）控制变量。首先，人均 GDP 水平越高，对于能源的需求越大。同时，随着收入水平的提高，人们对于环境标准的要求逐渐提升，要求能耗不断下降。根据环境库兹尼茨曲线，人均 GDP 与地区能源消费强度之间可能存在非线性关系，所以在式（9.1）和式（9.2）引入人均 GDP 的平方项。其次，格罗斯曼和昆格（Grossman and Kruger，1993）将贸易的环境效益分为结构效应与技术效应。为考虑地区工业结构对能源消费强度的影响，本章控制了各地区的工业结构，用 *industry* 表示，代表地区工业产值占总产值的比重。一般而言，工业占比越高，其能源需求量越高，预期其能源消费强度越大。最后，为了区别技术转移的进口效应，控制了地区进口结构，用 *import* 表示，代表地区进口额占地区总产值的比重。由于进口的机器设备、半成品、产品蕴含了生产技术，企业通过进口也可获得转移的技术，所以进口对地区能源消费强度的作用方向应该与 FDI 相同。以上所有控制变量均以其对数形式表示，具体描述详见表 9－1。

表 9－1　　变量解释

变量		定义	Obs	Mean	Std. Dev.	Min	Max
全部部门能源消费强度	*EI*	ln（能源消费总量/地区总产值）	447	0.168	0.512	－1.139	1.764
	*EI*_coal	ln（煤炭消费总量/地区总产值）	446	0.073	0.740	－2.508	2.161
	*EI*_ele	ln（电力消费总量/地区总产值）	450	－2.105	0.477	－3.125	－0.653
工业部门能源消费强度	*indusEI*	ln（能源消费总量/地区工业增加）	447	1.118	0.567	0.015	2.897
	*indusEI*_coal	ln（煤炭消费总量/地区工业增加值）	446	1.021	0.729	－0.769	3.030
	*indusEI*_ele	ln（电力消费总量/地区工业增加值）	450	－1.151	0.536	－2.264	0.443
FDI		ln（外商投资总额/地区生产总值）	450	－0.033	－0.033	3.358	－3.050
AC		ln（地区科技财政支出占比）	450	－4.437	－4.437	0.650	－6.754
pergdp		ln（地区人均 GDP）	450	9.848	9.848	0.806	7.887
$pergdp^2$		地区人均 GDP 的平方项	450	97.640	97.640	15.846	62.200
industry		ln（地区工业产值占比）	450	－0.954	－0.954	0.253	－2.065
import		ln（地区进口占比）	450	－2.565	－2.565	1.127	－4.699

（三）数据说明

本章选取中国 30 个省（区、市）2000～2014 年共 450 个样本。地区能源消费水平来自 2001～2015 年《中国能源统计年鉴》。地区层面数据包括 FDI、地区总产值、工业增加值、工业产值、人均 GDP、进口额均来自各年各省的统计年鉴。各省科技支出与财政总支出来自 2001～2015 年的《中国工业统计年鉴》。

四、计量结果与分析

（一）基本回归结果分析

本章研究了 FDI 对于地区能源消费强度的影响，其中能源消费强度分为能源总强度和工业能源总强度（*EI* 和 *indusEI*）、煤炭消费强度和工业煤炭消费强度（*EI*_coal 和 *indusEI*_coal），以及电力消费强度和工业电力消费强度（*EI*_ele 和 *indus*EI_ele）。基于式（9.1）和式（9.2），我们对面板数据分别进行了固定效应和随机效应回归，根据 hausman 检验结果（见表 9－2），表 9－2 选择了随机效应模型。表 9－2 中，模型（1）～模型（6）报告了全部部门的能源消费强度，其中模型（1）、模型（3）和模型（5）是基于式（9.1）不考虑地区间吸收能力差异的结果。模型（7）～模型（12）报告了工业部门的能源消费强度，同样模型（7）、模型（9）、模型（11）是计量等式（9.1）的回归结果。不考虑地区吸收能力的异质性，FDI 与地区工业能源总强度、煤炭消费强度和工业煤炭消费强度、电力消费强度和工业电力消费强度均呈现显著的负向关系，验证了假说 1。FDI 的技术转移效应能够降低地区的能源消费强度。而在考虑地区吸收能力及其与 FDI 的交互项时，只有在模型（4）与模型（10）中，*AC* 和 *FDI*×*AC* 与地区煤炭消费强度和工业煤炭消费强度呈现显著的负向关系，验证了假说 2。地区科技支出占比越高，其对于 FDI 的技术溢出吸收能力越强，地区的煤炭消费强度和工业煤炭消费强度也就越低。而对于地区电力消费强度而言，FDI 的能源消费强度降低效应并不显著，原因可能在于电力属于更清洁能源，FDI 的技术溢出效应可能使地区转向使用这一清洁能源。而电力消费所需技术水平相对较低，FDI 的技术转移效应并不显著。正是由于 FDI 对于不同细分能源消费强度的影响效应不同，使 FDI 与能源总强度之间的关系并不显著。

表 9 – 2　　**FDI 与总能耗、工业部门能耗的回归结果**

变量	总能耗（能源消费量/GDP）						工业部门能耗（能源消费量/工业增加值）					
	EI (1)	*EI* (2)	*EI_coal* (3)	*EI_coal* (4)	*EI_ele* (5)	*EI_ele* (6)	*IndusEI* (7)	*IndusEI* (8)	*IndusEI_coal* (9)	*IndusEI_coal* (10)	*IndusEI_ele* (11)	*IndusEI_ele* (12)
FDI	-0.008 (0.002)	-0.018 (0.013)	-0.007** (0.003)	-0.041* (0.021)	-0.005** (0.002)	0.005 (0.016)	-0.008*** (0.002)	-0.018 (0.013)	-0.00723** (0.003)	-0.0413* (0.021)	-0.00509** (0.002)	0.005 (0.016)
AC		-0.052*** (0.013)		-0.114*** (0.020)		-0.023 (0.016)		-0.0519*** (0.013)		-0.114*** (0.020)		-0.023 (0.016)
FDI×AC		-0.002 (0.003)		-0.007* (0.004)		0.002 (0.003)		-0.002 (0.003)		-0.00730* (0.004)		0.002 (0.003)
pergdp	0.320* (0.182)	0.194 (0.183)	1.778*** (0.294)	1.532*** (0.287)	0.188 (0.221)	0.117 (0.226)	0.320* (0.182)	0.194 (0.183)	1.778*** (0.294)	1.532*** (0.287)	0.188 (0.221)	0.117 (0.226)
pergdp^2	-0.042*** (0.009)	-0.035*** (0.009)	-0.117*** (0.015)	-0.102*** (0.015)	-0.028** (0.011)	-0.024** (0.011)	-0.0422*** (0.009)	-0.0347*** (0.009)	-0.117*** (0.015)	-0.102*** (0.015)	-0.0278** (0.011)	-0.0237** (0.011)
industry	0.371*** (0.052)	0.364*** (0.051)	0.431*** (0.084)	0.404*** (0.081)	0.328*** (0.063)	0.319*** (0.063)	-0.629*** (0.052)	-0.636*** (0.051)	-0.569*** (0.084)	-0.596*** (0.081)	-0.672*** (0.063)	-0.681*** (0.063)
import	-0.007 (0.017)	-0.0002 (0.017)	-0.110*** (0.027)	-0.091*** (0.026)	-0.032 (0.021)	-0.031 (0.021)	-0.007 (0.017)	-0.0002 (0.017)	-0.110*** (0.027)	-0.0913*** (0.026)	-0.032 (0.021)	-0.031 (0.021)
constant	1.472 (0.942)	1.770* (0.929)	-5.900*** (1.523)	-5.393*** (1.459)	-1.004 (1.141)	-0.821 (1.150)	1.472 (0.942)	1.770* (0.929)	-5.900*** (1.523)	-5.393*** (1.459)	-1.004 (1.141)	-0.821 (1.150)
R^2（within）	0.902	0.907	0.8	0.815	0.754	0.755	0.928	0.932	0.837	0.853	0.834	0.835
R^2（overall）	0.545	0.556	0.53	0.535	0.38	0.386	0.627	0.637	0.512	0.517	0.509	0.513
Hausman for *RE*	6.04	12.79	8.76	10.49	5.06	8.86	6.04	12.79	8.76	10.49	5.06	8.86
（*p* – value）	0.302	0.077	0.119	0.163	0.408	0.263	0.302	0.077	0.119	0.163	0.408	0.263
observations	447	447	446	446	450	450	447	447	446	446	450	450

注：*、** 和 *** 分别表示参数估计值在 10%、5% 和 1% 水平上显著；括号内为标准误。

对于控制变量，在模型（1）、模型（3）、模型（4）、模型（7）、模型（9）和模型（10）中，人均GDP的一次项系数显著为正，二次项系数显著为负，符合环境库兹尼茨曲线的倒“U”型，表明随着人均收入水平的上升，能源消费强度随之上升，但一旦经过某一临界点，人均收入水平的上升会带来能源消费强度的下降。地区工业占比越高，其对于能源总量、煤炭和电力的消耗强度均随之上升。此外，在模型（4）、模型（5）、模型（9）和模型（10）中，进口对于地区煤炭消费强度和工业煤炭消费强度的作用效应与FDI方向一致，均呈现出显著的负向关系。

（二）地区分样本回归结果分析

在表9-2中，我们发现FDI对地区全体部门能源消费强度的影响与其对地区工业部门能源消费强度的影响基本相同。表9-3基于东部、中部和西部的分样本回归，报告了FDI对不同地区全体部门能源消费强度的结果。我们将总样本中的30个省（区、市）依据地理区位与经济发展水平划分为东部、中部、西部三个分样本，分别基于计量等式（9.2）对其进行回归分析。在表9-3中，模型A（1）、模型A（2）和模型A（3）中，FDI与$FDI \times AC$系数均不显著；而在模型B（1）、模型B（2）、模型C（3）中，FDI与$FDI \times AC$系数显著为负。这一结果与埃利奥特等（2013）的研究结果基本一致。结果表明，FDI对于东部地区的能源消费强度下降效应并不显著，但FDI对于中西部地区能源总强度和碳消费强度有着显著的负向影响。原因在于，相比于中西部欠发达地区，东部地区经济发展水平较高，当地企业与外国企业之间的技术差距较小，因而FDI的技术转移效应并不显著。而对于中西部地区而言，较低的经济发展水平吸引外资偏向性政策以及污染性行业的集中性分布，使FDI的技术转移效应显著，当地企业与外国企业间较大的技术差距使通过FDI转移的绿色节能技术能够有效地降低地区能源消费强度。同时，技术支出占比高的地区享有更强的吸收能力，缩小技术差距，充分发挥FDI的技术转移效应，从而进一步降低地区能源消费强度。

表 9－3　　FDI 与东中西部地区能源消费强度的回归结果

变量	东部			中部			西部		
	EI A（1）	*EI_coal* A（2）	*EI*_ele A（3）	*EI* B（1）	*EI_coal* B（2）	*EI_ele* B（3）	*EI* C（1）	*EI_coal* C（2）	*EI_ele* C（3）
FDI	−0.014 （0.014）	−0.011 （0.026）	0.006 （0.012）	−0.047 * （0.025）	−0.056 * （0.032）	−0.001 （0.028）	−0.064 （0.052）	−0.175 ** （0.077）	−0.019 （0.073）
AC	−0.02 （0.015）	−0.084 *** （0.026）	−0.015 （0.012）	−0.123 *** （0.028）	−0.117 *** （0.035）	0.099 *** （0.031）	−0.073 ** （0.037）	−0.026 （0.054）	−0.014 （0.052）
FDI×*AC*	−0.004 （0.003）	−0.004 （0.006）	0.0003 （0.002）	−0.010 * （0.005）	−0.0117 * （0.007）	0.0003 （0.006）	−0.011 （0.011）	−0.032 ** （0.016）	−0.001 （0.015）
pergdp	2.800 *** （0.486）	6.613 *** （0.847）	3.015 *** （0.379）	2.958 *** （0.406）	3.550 *** （0.518）	2.076 *** （0.451）	−0.495 （0.338）	−0.615 （0.498）	−1.804 *** （0.474）
$pergdp^2$	−0.158 *** （0.024）	−0.345 *** （0.041）	−0.161 *** （0.018）	−0.175 *** （0.020）	−0.207 *** （0.026）	−0.129 *** （0.023）	−6.00E−05 （0.017）	0.008 （0.026）	0.078 *** （0.024）
industry	0.448 *** （0.107）	0.283 （0.186）	0.259 *** （0.074）	0.028 （0.063）	−0.021 （0.080）	0.104 （0.070）	0.509 *** （0.092）	0.412 *** （0.135）	0.135 （0.128）
import	−0.033 （0.041）	−0.082 （0.072）	0.012 （0.029）	−0.034 （0.030）	−0.044 （0.039）	0.007 （0.033）	−0.011 （0.024）	−0.113 *** （0.035）	−0.0464 （0.033）
R^2（within）	0.916	0.861	0.89	0.96	0.943	0.926	0.921	0.794	0.689
R^2（overall）	0.618	0.614	0.812	0.332	0.244	0.476	0.367	0.17	0.223
Hausman test	52.56	25.08	1.95	5.23	4.38	6.4	17.11	7.52	5.1
（p − value）	0	0	0.923	0.515	0.625	0.38	0.017	0.377	0.647
constant	−11.88 *** （2.560）	−32.06 *** （4.459）	−15.99 *** （1.990）	−12.54 *** （2.137）	−15.25 *** （2.728）	−9.588 *** （2.369）	5.317 *** （1.710）	5.496 ** （2.525）	8.189 *** （2.404）
observations	149	148	150	135	135	135	163	163	165

注：*、** 和 *** 分别表示参数估计值在 10%、5% 和 1% 水平上显著；括号内为标准误。

人均 GDP 与地区能源消费强度的倒“U”型关系存在于东部与中部地区，而在西部地区并不显著。除显著性水平稍有差异外，变量 *industry* 与 *import* 的影响与表 9－2 基本一致。

五、结论与启示

不同于以往研究对能源总强度单一指标的分析，本章构建了能源总强度、煤炭消费强度、电力消费强度三个维度的能源消费强度总体与细分指标，从地区全体部门能源消费强度与工业部门能源消费强度两个方面，基于 2000～2014 年 30 个省（区、市）数据，全面系统地分析了 FDI 对于地区能源消费强度的影响及其作用机制。结果表明，FDI 与地区能源消费强度有着显著的负向关系，地区间对于 FDI 技术溢出吸收能力的不同，使 FDI 的能源消费强度下降效应存在差异。吸收能力越强的地区，FDI 越能显著地降低地区的能源消费强度。此外，通过对东部、西部、中部的分样本回归分析，我们发现，东部地区由于经济发展水平较高，当地企业与外国企业技术差距较小，FDI 的技术转移效应并不明显，因而 FDI 与东部地区的能源消费强度并没有负向的显著关系。而与之相反，中西部地区经济发展水平不高，高能耗行业聚集，技术差距相对较大，FDI 能够显著降低地区的能源消费强度。而通过对 FDI 对能源总强度、煤炭消费强度和电力消费强度三个维度能源消费强度影响的分析，我们发现，FDI 对地区煤炭消费强度的影响最为显著。原因可能在于，电力更为清洁且技术要求较低，本土企业与外资企业的技术差距较小，所以 FDI 的技术转移效应在地区电力消费强度上表现并不明显。

本章将地区异质性，特别是地区间对 FDI 技术溢出吸收能力的差异性，纳入 FDI 与能源消费强度的分析框架中，一定程度上解释了以往研究结果的不一致性。通过对 FDI 技术转移效应及地区对其吸收能力的分析，理清了 FDI 降低地区能源消费强度的作用机制。同时，通过对研究结果的讨论，提出了相关政策建议：外资流入在拉动地区经济增长的同时，其积极的技术转移效应也能带来正向的能源效率提升。这一发现为大力发展中西部经济提供了思路：积极利用外资的正向效应，在促进经济增长的同时提升能源利用效率，实现节能减排、绿色发展的目标。但是，FDI 技术转移效应的有效发挥一定程度上依赖于地区吸收能力。各地应该加大科技支出，加强对当地企业节能绿色技术创新的扶持力度，逐步缩小其与外资企业的技术差距，降低其生产过程中的能源使用。此外，打破人才的流动壁垒，使高素质人才在当地企业与外资企业间高效流转，也将促进 FDI 技术转移效应的充分发挥，提高地区能源使用效率。

第十章

二氧化碳排放与中欧贸易

一、引　言

气候变化引起全球越来越广泛的关注。众多学者加入有关“碳泄漏”的计算，争论发展中国家应承担的碳减排义务（Du et al.，2011；Liu et al.，2010）。这些争论的背后，活跃的是国际经济学和环境经济学界一直关注的理论研究热点——污染避难所假说，即发达国家把污染转移到发展中国家（Bu et al.，2013；Copeland and Taylor，1994，2004）。存在污染避难所的一个重要前提是受到了环境规制的影响，通常发达国家的环境规制比发展中国家严格。然而，围绕污染避难所假说，目前尚不清楚的一个问题是：环境规制是否会削弱国家在贸易竞争中的比较优势？无论对于发达国家还是发展中国家，该问题的答案都具有重要的战略意义。

本章以欧盟国家为例，探讨了碳排放约束对于欧盟国家和中国贸易显性比较优势的影响。本章主要有三个出发点：第一，尽管众多学者研究了贸易与环境问题，然而很少有人把该问题与气候变化联系起来。第二，与美国相比，欧盟国家更加重视碳排放削减工作，其所付出的努力位居世界前列。因而，对于欧盟国家的考察对其他发达国家及发展中国家具有重要的借鉴意义。第三，中国和欧盟之间的贸易量巨大，且中国是世界上最大的碳排放国家。

本章的研究思路是：首先，收集欧盟国家与中国的分行业进出口数据，计算各国分行业的显性比较优势（revealed comparative advantage，RCA）；其次，比较跨年度间显性比较优势的变化情况；最后，把显性比较优势的变化与碳排放约束联系起来，分析碳排放约束是否影响到欧洲贸易的比较优势。我们发现，碳排放约束与欧盟国家显性比较优势间存在着显著的正向联系。这个发现为波特等倡导的环境规制提升竞争力假说提供了佐证，而不支持污染避难所假说。进一步的分样本回归研究表明，环境规制提升竞争力的作用仅存在于非资源密集型行业中，而不存在于资源密集型行业中。

本章的主要贡献有两个方面：第一，研究环境规制对于显性比较优势的影响，突破了相关文献仅仅研究环境规制对于贸易流量影响的局限。第二，在我们所知的范围内，本章是第一篇探讨碳排放约束对于贸易显性比较优势的影响的文章。

二、文献综述

迄今为止，关于贸易与环境的研究及其争论，已经吸引了众多研究者的加入。根据研究对象的差异，本章把文献分为两类，分别为发展中国家的视角和发达国家的视角。

从发展中国家的视角研究贸易与环境的问题，主要考察贸易对于发展中国家环境的影响。该领域内最为流行的分析框架是把贸易对于环境的影响分为三种效应：规模效应、技术效应与结构相应（Grossman and Krueger，1991）。一般认为贸易带来生产规模的扩大，进而导致污染排放的上升。与此相反，贸易同时也带来先进的生产技术，从而减低了污染排放。此外，贸易还改变了生产的结构，然而，结构的转变对于污染排放量而言具有不确定性。总体而言，贸易对于环境的综合影响是不确定的。采用众多国家的数据，相关经验研究得出了贸易对于环境有益或者有害的不同发现。例如，基罗加等（Quiroga et al.，2007）收集了 72 个国家的数据，分析认为环境管制松弛的国家在污染行业中的确拥有“比较优势”。安科波坦茨等（Akbostanci et al.，2007）考察了土耳其 1994 ~2007 年间的贸易流动，发现土耳其随着污染产业“肮脏”程度的增加，其出口也在增加。上述两篇研究为污染避难所假说提供了证据支持。与此相反，一些研究发现了支持贸易对于发展中国家环境有益的证据。例如，在宏观数据方面，贸易开放带来了发展中国家环境质量的改善（Antweiler et al.，2001；Dean and Lovely，2008；Shen，2008）。在微观数据方面，卜茂亮等（2010）采用中国工业企业报表和世界银行绿色观察数据库，发现企业出口行为与其环境绩效间具有正向联系。

从发达国家的视角研究贸易与环境的问题，主要考察环境规制约束对于发达国家贸易的影响。该领域的研究通过观察发达国家自身的情况来验证污染避难所假说。例如，巴特拉科夫（Batrakova，2011）比较了发达国家出口的不同去向地。出口去向国间存在着环境规制的差异，这样的比较有助于揭示发达国家是否存在"污染避难行动"（pollution haven behavior）。莱文森（Levinson，2009）以美国为研究对象，分析美国自身的环境改善到底是由技术进步带来的，还是由贸易转移带来的。莱文森认为，美国对于污染物排放的削减大部分来源于技术的进步。与莱文森（2009）提供的对污染避难所假说不利的证据相反，科尔等（2011）发现了支持污染避难所假说的证据。他们采用日本企业数据，观察到环境规制水平的提高将推动日本企业"走出去"。与污染避难所假说的观点不同，波特等（1995）认为严格的环境规制可以激发创新，提升竞争力，相关研究见安伯等（Amber et al.，2013）。

如上所述，学者们从不同的视角对贸易与环境问题展开了深入的探讨。然而，虽然气候变化议题也引起了学术界广泛的关注，但很少有学者把贸易、环境规制和二氧化碳排放问题结合起来研究。在我们所知的范围内，仅有德国学者艾凯莱（Aichele）采用跨国数据，研究了《京都议定书》（*KyotoProtocol*）对贸易流量的影响。从本质上来说，是否加入《京都议定书》（采用 0 和 1 虚拟变量）体现了环境规制的差异。但以此作为环境规制的测量是远远不足的。此外，我们不仅想知道环境规制对贸易流量的影响，还想知道其对于贸易比较优势的影响。因而，本章拓展了艾凯莱等（Aichele et al. 2013）的研究，通过采用更为坚实的环境规制测量方法来计算贸易的显性比较优势。

三、研究设计

（一）显性比较优势指数构建

显性比较优势指数（revealed comparative advantage index，RCAI），是

美国经济学家巴拉萨（Balassa，1966）测算部分国际贸易比较优势时采用的一种方法，可以反映一个国家（地区）某一产业贸易的比较优势。之后一些学者对其计算方法进行了发展创新。拉斐（Lafay，1992）将原计算方法中出口数据扩大至净贸易流量；布加梅利（Bugamelli，M.，2001）在拉斐的计算方法上又进一步做出改进。

我们采用布加梅利（2001）计算显性比较优势指数的方法，采用欧盟国家与中国的双边贸易数据，构建分行业部门的显性比较优势指数，其计算公式如下：

$$RCA_{ij} = \left[\frac{X_{ij} - M_{ij}}{X_{ij} + M_{ij}} - \frac{\sum_{j=1}^{15} X_{ij} - \sum_{j=1}^{15} M_{ij}}{\sum_{j=1}^{15} X_{ij} + \sum_{j=1}^{15} M_{ij}}\right] \times \frac{X_{ij} + M_{ij}}{\sum_{j=1}^{15} X_{ij} + \sum_{j=1}^{15} M_{ij}} \times 100 \tag{10.1}$$

其中，i 表示欧盟 22 个国家中第 i 个国家（$i=1, \cdots, 22$）①；j 表示产业部门类别（$j=1, \cdots, 15$）；X_{ij}（M_{ij}）是第 i 个国家的第 j 部门与中国的双边进口（出口）数据，单位用现价美元计算。式（10.1）可直接衡量出各产业部门对双边贸易平衡的贡献，这种方法不依赖于总体贸易的规模，而仅依赖于其行业部门贸易进出口的结构。该指数结果为正（负）则表明在欧盟 22 国的某国中其第 j 部门具有显性比较优势（劣势），其变化范围从 -50（完全无专业化优势）到 50（完全专业化优势）。

根据式（10.1）分别计算得到 2002 年、2009 年欧盟国家分行业显性比较优势指数，结果见表 10-1、表 10-2。

（二）回归模型与数据来源

1. 回归模型

为了测算环境规制对欧盟 22 国和中国双边贸易结构变化的影响，我们需要找出一个尽量不受宏观经济变化影响的因变量，目前多数文献研究大

① 详细的国家名称见附表 1。欧盟现有 28 个成员国，由于部分国家数据不完整，我们在 28 个国家中剔除了 6 个国家，分别为：保加利亚、拉脱维亚、立陶宛、马耳他、罗马尼亚和塞浦路斯。

表 10－1 欧盟国家 2002 年分行业显性比较优势（RCA）

行业	奥地利	比利时	捷克共和国	丹麦	爱沙尼亚	芬兰	法国	德国	希腊	匈牙利	爱尔兰	意大利	卢森堡	荷兰	挪威	波兰	葡萄牙	斯洛伐克共和国	斯洛文尼亚	西班牙	瑞典	英国
农林牧渔业	-0.24	0.02	-0.04	0.52	0.12	-0.02	0.44	-0.06	0.11	-0.01	0.21	-0.95	-2.38	0.16	0.29	-0.19	0.90	-0.34	-0.22	0.00	-0.12	-0.15
煤炭开采和洗选业	-0.61	8.05	-0.04	-0.04	0.01	0.28	-0.12	-0.23	2.42	-0.01	-0.31	-0.05	-0.90	-0.26	22.18	0.69	0.99	-0.38	-0.13	0.73	-0.01	2.06
食品制造及烟草加工业	-0.50	0.83	-0.24	6.43	1.25	0.10	0.59	-0.85	0.11	0.32	0.71	-0.69	-0.87	1.34	3.62	-0.16	-0.05	-0.94	-0.18	0.71	-0.78	0.16
纺织品、纺织产品、皮革和鞋类	-13.14	-9.54	-1.57	-13.88	-1.85	-9.73	-8.36	-8.67	-2.36	-0.63	-5.35	-9.04	-6.05	-2.72	-11.74	-3.06	-5.53	-3.11	-1.98	-4.60	-12.29	-4.40
木材加工及家具制造业	0.32	-0.22	-0.04	-0.47	0.97	0.15	-0.25	0.01	-0.15	0.32	-0.51	-0.20	-0.10	-0.24	-0.32	-0.01	1.48	0.02	0.88	-0.13	-0.94	-0.24
造纸印刷及文教体育用品制造业	0.63	0.23	0.32	0.15	0.07	4.60	0.20	0.62	-0.01	0.03	0.98	0.12	-0.10	0.74	0.00	0.39	1.57	-0.04	0.63	0.37	3.81	0.10
石油加工 炼焦及核燃料加工业	-0.05	-0.23	0.00	0.10	0.45	-0.05	0.56	-0.19	0.03	0.01	0.00	-0.39	0.00	-0.08	2.90	-0.03	-0.07	0.00	-0.19	-0.01	-1.68	0.23
化学工业	-0.26	6.65	0.11	0.66	-0.06	1.85	2.81	1.44	1.56	0.49	4.32	0.31	-0.28	4.72	1.53	1.92	-0.22	0.39	5.85	3.33	1.97	2.61
橡胶和塑料制品业	-0.71	-1.25	-0.11	-1.26	-0.20	-0.82	-0.78	-0.49	-0.22	0.00	-0.89	-0.84	1.24	-0.40	-0.67	-0.15	-1.06	-0.14	-0.16	-0.46	-1.53	-0.62
非金属矿物制品业	-0.66	-0.04	0.36	-0.60	-0.07	-0.35	0.29	-0.27	-0.08	-0.04	-0.30	-0.51	-4.54	-0.16	-0.49	-0.26	-0.24	-0.10	-0.23	0.12	-0.98	-0.08
基础金属及加工金属制品	-1.27	0.48	-0.28	-1.48	1.02	1.19	0.55	0.85	-0.52	0.15	-0.66	0.04	4.73	0.59	-0.15	6.04	-1.48	8.73	-0.97	0.38	-0.42	0.32
机械设备制造业	14.77	3.71	3.55	13.00	-0.16	14.53	5.54	14.15	2.51	1.08	-0.45	15.84	6.04	3.86	4.33	0.19	-0.68	2.31	1.90	1.70	8.29	2.24
电子产品制造业	-11.12	-6.93	-4.43	1.14	-0.96	-8.73	-0.44	-11.23	-0.94	-4.92	4.90	-4.76	-1.83	-6.30	-3.79	-5.24	7.61	-4.83	-3.77	-2.62	8.86	-0.57
交通运输设备制造业	16.48	0.29	2.94	0.57	-0.09	0.25	3.40	9.26	-0.96	3.61	0.27	5.03	12.20	0.50	-14.27	1.42	1.10	0.08	-0.19	3.05	1.65	1.09
其他制造业	-3.64	-2.05	-0.52	-4.84	-0.49	-3.28	-4.42	-4.33	-1.49	-0.38	-2.93	-3.92	-7.16	-1.74	-3.42	-1.56	-4.33	-1.64	-1.27	-2.58	-5.82	-2.74

资料来源：作者根据经济合作与发展组织数据库数据计算而得。

表 10－2　欧盟国家 2009 年分行业显性比较优势（RCA）

行业	奥地利	比利时	捷克共和国	丹麦	爱沙尼亚	芬兰	法国	德国	希腊	匈牙利	爱尔兰	意大利	卢森堡	荷兰	挪威	波兰	葡萄牙	斯洛伐克共和国	斯洛文尼亚	西班牙	瑞典	英国
农林牧渔业	-0.27	0.06	0.04	1.18	-0.06	0.60	0.31	-0.19	0.20	0.00	-0.09	-0.23	-0.18	0.11	0.66	-0.07	0.37	-0.08	-0.07	0.03	-0.08	-0.08
煤炭开采和洗选业	-0.15	3.99	-0.01	-0.02	0.10	0.37	0.03	-0.06	1.55	0.00	0.90	0.31	-0.03	0.52	1.05	0.28	6.20	-0.13	-0.01	1.73	0.97	-0.01
食品制造及烟草加工业	-0.21	0.07	0.00	4.88	0.72	0.38	1.90	-0.60	0.44	0.01	1.79	0.21	-0.47	2.38	3.61	-0.04	-0.53	-0.23	-0.03	0.97	-0.89	0.47
纺织品、纺织产品、皮革和鞋类	-10.45	-9.16	-1.29	-12.41	-3.88	-7.84	-7.05	-8.86	-0.34	-0.34	-10.71	-7.19	-5.15	-2.83	-11.42	-2.90	-3.27	-3.71	-2.88	-4.59	-11.52	-5.88
木材加工及家具制造业	0.09	-0.60	0.01	-0.36	0.83	0.05	-0.23	-0.25	-0.03	-0.02	-0.76	-0.25	-0.13	-0.16	-0.33	-0.06	1.74	-0.09	-0.06	-0.12	-0.47	-0.30
造纸印刷及文教体育用品制造业	1.07	-0.17	0.03	0.02	3.81	4.73	-0.02	0.03	-0.04	0.02	-0.13	-0.01	-0.52	0.28	0.56	-0.04	1.43	-0.17	-0.04	0.09	4.78	-0.11
石油加工 炼焦及核燃料加工业	0.00	-0.39	0.06	-0.01	-0.02	0.00	0.04	0.03	0.01	0.04	-0.01	0.14	0.00	0.25	0.80	0.09	0.19	0.00	0.00	0.06	0.00	0.02
化学工业	1.03	10.83	0.25	3.13	0.78	0.89	3.91	2.17	0.22	0.20	5.04	1.24	-0.40	5.77	3.49	2.33	3.30	-0.03	0.05	4.29	5.69	3.21
橡胶和塑料制品业	1.01	-0.95	0.49	-0.39	-0.33	-0.51	-0.31	-0.12	-0.09	0.02	-1.25	-0.23	1.56	-0.25	-1.12	0.11	0.09	-0.29	0.22	-0.01	-0.98	-0.44
非金属矿物制品业	0.14	-0.87	0.23	0.45	-0.29	-0.37	-0.14	-0.37	-0.06	-0.14	-0.93	-0.49	-1.10	-0.15	-0.68	-0.02	-0.24	-0.47	-0.23	-0.24	-1.08	-0.32
基础金属及加工金属制品	0.77	3.52	0.78	0.44	-0.45	1.78	0.90	1.26	-0.09	-0.32	-1.28	0.28	15.05	0.29	6.59	5.67	-1.32	-0.98	-0.08	-0.09	0.79	1.03
机械设备制造业	8.76	2.36	2.89	8.12	-0.86	12.73	1.85	10.94	-0.21	1.66	-1.16	13.13	3.72	4.60	11.40	0.84	-1.24	1.80	3.25	1.36	5.71	2.19
电子产品制造业	-5.17	-6.05	-4.71	1.75	1.06	-10.82	-6.18	-8.95	-0.30	-18.18	12.42	-5.42	-12.79	-8.52	-9.32	-6.17	-5.44	-15.98	0.25	-3.07	-0.54	-2.73
交通运输设备制造业	5.70	1.05	1.46	-2.45	-0.04	0.55	8.36	10.14	-0.97	17.22	-0.21	0.20	3.74	0.43	-1.44	0.58	0.31	22.70	0.13	1.27	3.20	6.09
其他制造业	-2.32	-3.70	-0.23	-4.33	-1.39	-2.54	-3.36	-5.16	-0.29	-0.16	-3.61	-1.69	-3.30	-2.71	-3.86	-0.59	-1.60	-2.33	-0.49	-1.66	-5.56	-3.14

资料来源：同附表 1。

都选取分行业部门正态化后的净出口增加值作为因变量。我们构建的显性比较优势指数和传统指数有两大区别：第一，采用双边贸易数据而不是贸易总额数据；第二，因正态化有利于国家间比较，故将部门净出口数据正态化。回归模型方程式为：

$$\Delta RCA_{ij(2009\sim2002)} = \alpha_i + \alpha_j + \beta_1 ENDOW_{ij(2001)} + \beta_2 LC_{ij(2001)} + \beta_3 CO_{2j} \times string_i + \varepsilon_{ij} \quad (10.2)$$

因变量 $\Delta RCA_{ij(2009\sim2002)}$ 是欧盟22国中第 i 国的第 j 部门和中国进行双边贸易的显示性比较优势 RCA_{ij} 2002～2009年的变化值。以2002年为起点计算是因为中国在2001年11月10号起加入世界贸易组织，这对之后欧洲与中国的双边贸易及欧洲各国产业结构变化会产生巨大影响，因此，我们想着重考察这个时间节点后环境规制对中欧贸易及显性比较优势的影响。$ENDOW_{ij}$ 为第 j 产业部门在第 i 国家中的产出增加值。LC_{ij} 为第 j 部门在第 i 国家中的单位劳动成本，采用经2001年通货膨胀调整后的名义工资指标。之所以选取这两个指标作为控制变量，是根据比较优势理论的H－O－S理论和李嘉图比较优势理论。根据H－O－S理论，假设国家间无技术优势差别，其专业化分工由要素禀赋决定，则其相应产业结构由 $ENDOW_{ij}$ 表示的第 i 国家的第 j 产业部门增加值即可间接反映欧盟27国的要素禀赋差异。而根据李嘉图比较优势理论，国家间的专业分工由其相对生产率决定，本章用 LC_{ij} 单位劳动成本代替。考虑到要素禀赋和生产率优势对显示性比较优势的变化都有影响，我们将这两个变量作为控制变量。$ENDOW_{ij}$ 的估计系数为正（负）则反映要素禀赋的趋同（趋异）。α_i、α_j 分别控制产业部门和国家间的固定效应，以减少其他被忽略变量的估计偏差。关于碳排放约束变量 $CO_{2j} \times string_i$，这里的二氧化碳排放采用中国分行业排放数据，而环境规制则采用欧盟各国的环境规制标准。我们分别采用了两套指标：第一套指标为世界经济论坛发布的环境规制指标（Manderson and Kneller，2011）；第二套指标为更为常用的人均GDP指标。我们把欧盟国家的环境规制乘以中国行业的碳排放数量，得出的乘积项作为碳排放约束的指标。这样选择指标的逻辑是：中国某个行业的碳排放数量越大，则意味着有更大的压力要减排，带来更强的环境约束。另外，该指标还避免了文献中环境规制指标通常面临的内生性问题。

2. 数据来源

计算显性比较优势的原始数据来自经济合作与发展组织公布的欧盟国家与中国分行业进出口贸易数据。中国分行业二氧化碳排放数据来自世界投入产出数据库（WIOD）。环境规制采用了两种测量方法：一种是世界经济论坛发布的环境规制指标；另一种是由世界银行发布的人均 GDP 指标。产业部门增加值和单位劳动力成本数据来自 EUKLEMS 数据库（http：//www. euklems. net/），采用 NACE - ISIC rev. 3 两位数行业分类法。其行业分类通过调整，与世界投入产出表中二氧化碳排放行业分类标准一致。中国分行业二氧化碳排放及欧盟国家平均 RCA 变化情况见表 10 - 3。

表 10 - 3　　中国分行业二氧化碳排放及欧盟国家平均 RCA 变化情况

行业名称	是否为资源密集型行业	中国二氧化碳排放量（2001 年）	碳排放行业排名	欧盟国家平均 RCA 变化情况
农林牧渔业	否	93488. 24	4	0. 19
煤炭开采和洗选业	否	84956. 72	5	-0. 76
食品制造及烟草加工业	是	49577. 30	7	0. 18
纺织品、纺织产品、皮革和鞋类	否	35642. 99	8	0. 27
木材加工及家具制造业	是	5942. 62	15	-0. 08
造纸印刷及文教体育用品制造业	是	27451. 90	9	0. 01
石油加工炼焦及核燃料加工业	是	59327. 43	6	0. 00
化学工业	否	160470. 83	3	0. 71
橡胶和塑料制品业	否	15261. 72	11	0. 35
非金属矿物制品业	否	313949. 91	1	0. 09
基础金属及加工金属制品	否	277855. 95	2	0. 76
机械设备制造业	否	23575. 45	10	-1. 11
电子产品制造业	否	10796. 39	13	-2. 45
交通运输设备制造业	否	14078. 52	12	1. 38
其他制造业	否	5955. 05	14	0. 48

注：①是否为资源密集型行业的划分标准来自迪安和洛夫利（Dean and Lovely，2008）；②中国二氧化碳排放数据来源于世界投入产出数据库（WIOD）；③RCA 来自作者的计算，数据来源为经济合作与发展组织数据库。

四、实证结果

根据式（10.2）得到的回归结果如表 10 - 4 所示。其中第（1）~（3）栏中对于环境规制的测量采用世界经济论坛发布的回归规制指标；而在第（4）~（6）栏中，环境规制的测量采用人均 GDP（2001 年）指标。第（1）栏和第（4）栏为全样本回归结果。在此基础上，为了体现行业的差别，我们把全样本划分为非资源密集型样本和资源密集型样本，结果分别报告在第（2）栏、第（4）栏和第（3）栏、第（6）栏中。对于行业 j 是否归入资源密集型样本的标准，依据的是迪安等（2008）的研究，具体划分见表 10 - 3。在每栏的回归中，均控制了行业和国家的固定效应。

表 10 - 4　　实证结果

变量	(1) 全样本	(2) 非资源密集行业样本	(3) 资源密集行业样本	(4) 全样本	(5) 非资源密集行业样本	(6) 资源密集行业样本
LC	-0.0372** (-0.0184)	-0.0449** (-0.0190)	-0.0611* (0.003)	-0.0393* (0.0208)	-0.0489** (-0.021)	-0.0585* (-0.003)
ENDOW	0.131 (0.442)	0.257 (0.569)	-0.180 (0.234)	0.0880 (0.446)	0.256 (0.570)	-0.194 (0.226)
$CO_2 \times string_1$	0.342** (0.160)	0.390* (0.199)	-0.0187 (0.306)			
$CO_2 \times string_2$				0.624*** (0.203)	0.697*** (0.238)	0.151 (0.266)
constant	-0.789 (1.416)	-0.971 (1.937)	0.138 (0.609)	-0.969 (1.198)	-1.132 (1.607)	-0.0900 (0.443)
observations	299	219	80	329	241	88
R - squared	0.120	0.131	0.240	0.113	0.125	0.248

注：① 因变量为 2009 年国家 i 行业 j 的 RCA 减去 2002 年相应的 RCA。

② 回归结果第（1）~（3）栏中对于环境规制的测量采用世界经济论坛发布的环境规制指标；而在第（4）~（6）栏中，环境规制的测量采用人均 GDP（2001 年）指标。

③ 每一栏的回归中，均控制了行业和国家的固定效应。*** 代表 $p<0.01$，** 代表 $p<0.05$，* 代表 $p<0.1$。括号内为稳健的标准差。

在表 10 - 4 中，首先，所有 *LC* 变量的系数为负，达到显著性水平（5% 或者 10%）。这和我们的预期相一致。根据比较优势理论，在其他条件相同的情况下，劳动成本的上升将带来比较优势的下降。其次，*ENDOW*变量的系数均达到显著性水平。该变量考察要素密集度对于比较优势的影响。尽管我们不能确定其影响的方向，但至少在回归中该影响得到了控制，从而不至于带来模型估计的偏误问题。

我们最为关注的是环境规制变量对于显性比较优势的影响。表10-4中，采用世界经济论坛提供的环境规制指标或者人均GDP作为指标，在全样本中，其系数的符号都为正，都达到显著性水平（分别为5%和10%）。这表明，总体而言，在碳排放方面，更为严格的环境规制水平没有带来欧盟国家显性比较优势的下降，反而提升了它们的显性比较优势。这个发现与波特等认为的严格的环境规制带来技术创新与竞争力提升假说相一致。在区分为非资源密集型行业和资源密集型行业的分样本回归中，环境规制与显性比较优势之间的正向联系仅存在于非资源密集型行业样本（显著性水平分别为10%和1%）中，而在资源密集型行业中未达到显著性水平。我们对于上述分样本回归的差异尝试作如下解释：相对而言，资源密集型行业比非资源密集型行业面临更大的二氧化碳减排压力，这意味着企业应对碳排放约束面临更大的边际减排成本。尽管碳排放约束一定程度上带来了技术创新与生产效率的提高，但其边际收益可能不会超过边际减排成本。第（3）栏和第（6）栏中，环境规制的系数均未达到显著性水平，一定程度上说明上述发现的稳健性。

总体而言，在控制了单位劳动成本和要素密集度及各类固定效应后，没有发现碳排放约束与欧盟国家显性比较优势间存在负向联系。这个发现为污染避难所假说的不成立提供了新的证据。本书研究表明，在非资源密集型行业样本中，碳排放约束与显性比较优势间具有正向的联系。这为波特等倡导的环境规制提升竞争力假说提供了佐证。然而，对于资源密集型行业样本而言，没有发现碳排放约束与显性比较优势之间存在显著的正向或者负向联系。

五、结　论

近些年来，有关环境规制是否会影响国际竞争力问题的讨论，无论对于发达国家还是发展中国家都具有重要的影响。随着气候变化问题在全球范围得到广泛的关注，与之相关的一个新问题凸显出越来越高的研究价值，即碳排放约束是否影响一国贸易竞争力。本章采用中欧贸易数据，在控制了劳动单位劳动成本和要素密集度及各类固定效应后，考察碳排放约束对于欧盟国家显性比较优势的影响。

本章研究表明，碳排放约束与欧盟国家显性比较优势间存在着显著的正向联系。这个发现为波特等倡导的环境规制提升竞争力假说提供了佐证，而不支持污染避难所假说。进一步的分样本回归研究表明，环境规制提升竞争力的作用仅存在于非资源密集型行业中，而不存在于资源密集型行业中。

本章为贸易与环境领域的研究提供了新的实证发现。本章不仅把环境对于贸易的影响由文献中主要的考察贸易流量的影响，拓展到考察贸易显性比较优势的影响，而且尝试把贸易、环境规制和二氧化碳排放问题结合起来研究。基于我们的研究发现，本章对于发展中国家的政策建议是：应努力向欧盟国家学习，积极利用环境规制提升自身的技术创新力，从而提高贸易中显性比较优势。

参考文献

[1]［瑞典］Andersson T.，Folke C.，Nystrom S.：《环境与贸易：生态、经济、体制与政策》，清华大学出版社 1998 年版。

[2] 白雪洁、宋莹：《环境管制、技术创新与中国火电行业的效率提升》，载于《中国工业经济》2009 年第 8 期。

[3] 陈宏辉、王江艳：《企业成长过程中的社会责任认知与行动战略》，载于《商业经济与管理》2009 年第 1 期。

[4] 陈诗一：《节能减排与中国工业的双赢发展：2009 - 2049》，载于《经济研究》2010 年第 3 期。

[5] 陈媛媛、李坤望：《FDI 对省际工业能源效率的影响》，载于《当代财经》2010 年第 6 期。

[6] 陈媛媛、王海宁：《FDI、人力资本与省际工业能源效率》，载于《国际贸易问题》2011 年第 3 期。

[7] 董利：《我国能源效率变化趋势的影响因素分析》，载于《产业经济研究》2008 年第 1 期。

[8] 董敏杰、梁泳梅、李钢：《环境规制对中国出口竞争力的影响——基于投入产出表的分析》，载于《中国工业经济》2011 年第 3 期。

[9] 傅京燕、李丽莎：《环境规制、要素禀赋与产业国际竞争力的实证研究——基于中国制造业的面板数据》，载于《管理世界》2010 年第 10 期。

[10] 傅京燕、赵春梅：《环境规制会影响污染密集型行业出口贸易吗？——基于中国面板数据和贸易引力模型的分析》，载于《经济学家》2014 年第 2 期。

[11] 傅京燕：《国际贸易中“污染避难所效应”的实证研究述评》，载于《中国人口资源与环境》2009 年第 4 期。

[12] 贾愚、刘东：《供应链契约模式与食品质量安全：以原奶为例》，载于《商业经济与管理》2009 年第 6 期。

[13] 解垩：《环境管制与中国工业生产率增长》，载于《产业经济研究》2008 年第 1 期。

[14] 金碚、李钢：《企业社会责任公众调查的初步报告》，载于《经济管理》2006 年第 3 期。

[15] 金碚：《资源环境管制与工业竞争力关系的理论研究》，载于《中国工业经济》2009 年第 3 期。

[16] 李博：《中国能源强度差异与影响因素效应的分解研究》，载于《软科学》2015 年第 5 期。

[17] 李钢、马岩、姚磊磊：《中国工业环境管制强度与提升路线：基于中国工业环境保护成本与效应的实证研究》，载于《中国工业经济》2010 年第 3 期。

[18] 李宏兵、赵春明：《环境规制影响了我国中间品出口吗？——来自中美行业面板数据的经验分析》，载于《国际经贸探索》2013 年第 6 期。

[19] 李玲、陶锋：《中国制造业最优环境规制强度的选择——基于绿色全要素生产率的视角》，载于《中国工业经济》2009 年第 5 期。

[20] 李伟阳、肖红军：《基于管理视角的企业社会责任演进与发展》，载于《首都经济贸易大学学报》2010 年第 5 期。

[21] 李未无：《对外开放与能源利用效率：基于 35 个工业行业的实证研究》，载于《国际贸易问题》2008 年第 6 期。

[22] 李晓钟、张小蒂：《外商直接投资对我国长三角地区工业经济技术溢出效应分析》，载于《财贸经济》2004 年第 12 期。

[23] 李永友、沈坤荣：《我国污染控制政策的减排效果：基于省际工业污染数据的实证分析》，载于《管理世界》2008 年第 7 期。

[24] 李玉楠、李廷：《环境规制、要素禀赋与出口贸易的动态关系——基于我国污染密集产业的动态面板数据》，载于《国际经贸探索》2012 年第 1 期。

[25] 林季红、刘莹：《内生的环境规制："污染避难所假说"在中国的再检验》，载于《中国人口·资源与环境》2013 年第 1 期。

[26] 刘亦文、张勇军、胡宗义：《能源技术空间溢出效应对省域能源

消费强度差异的影响分析》，载于《软科学》2016 年第 3 期。

［27］刘志彪、张杰：《我国本土制造业企业出口决定因素的实证分析》，载于《经济研究》2009 年第 8 期。

［28］陆旸：《环境规制影响了污染密集型商品的贸易比较优势吗?》，载于《经济研究》2009 年第 4 期。

［29］罗殿军、李季：《发达国家对企业履行社会责任的影响因素分析：以美国和欧洲为例》，载于《上海经济研究》2007 年第 8 期。

［30］诺思：《经济史中的结构与变迁》，上海三联书店 1991 年版。

［31］彭星、李斌、金培振：《文化非正式制度有利于经济低碳转型吗？地方政府竞争视角下的门限回归分析》，载于《财经研究》2013 年第 7 期。

［32］邵兴东：《我国中小企业战略型社会责任管理研究：基于供应链管理的视角》，载于《经济与管理研究》2009 年第 12 期。

［33］申萌、曾燕萍、曲如晓：《环境规制与企业出口：来自千家企业节能行动的微观证据》，载于《国际贸易问题》2015 年第 8 期。

［34］沈红波、谢越、陈峥嵘：《企业的环境保护、社会责任及其市场效应——基于紫金矿业环境污染事件的案例研究》，载于《中国工业经济》2012 年第 1 期。

［35］沈艳、姚洋：《中国快速成长的民营企业：企业社会责任和可持续发展》，外文出版社 2008 年版。

［36］苏梽芳、廖迎、李颖：《是什么导致了“污染避难所”：贸易还是 FDI？来自中国省级面板数据的证据》，载于《经济评论》2011 年第 3 期。

［37］滕玉华、陈小霞：《开放条件下中国工业能源消费强度的影响因素分析——基于 31 个行业面板数据的实证分析》，载于《新疆财经大学学报》2009 年第 1 期。

［38］王兵、吴延瑞、颜鹏飞：《中国区域环境效率与环境全要素生产率增长》，载于《经济研究》2010 年第 5 期。

［39］王杰、刘斌：《环境规制与中国企业出口表现》，载于《世界经济文汇》2016 年第 1 期。

［40］温素彬、方苑：《企业社会责任与财务绩效关系的实证研究：利

益相关者视角的面板数据分析》，载于《中国工业经济》2008 年第 10 期。

[41] 巫景飞、陈晓静、胡丹芝等：《ISO14001 的跨境扩散及其环境效应：基于中国省级面板数据的考察》，收录于芮明杰：《复旦产业评论》，格致出版社 2009 年版。

[42] 徐莉萍、辛宇、祝继高：《媒体关注与上市公司社会责任之履行》，载于《管理世界》2011 年第 3 期。

[43] 徐尚昆、杨汝岱：《企业社会责任概念范畴的归纳性分析》，载于《中国工业经济》2007 年第 5 期。

[44] 徐尚昆：《中国企业社会责任的概念维度、认知与实践》，载于《经济体制改革》2010 年第 6 期。

[45] 徐圆：《源于社会压力的非正式环境规制是否约束了中国的工业污染》，载于《财贸研究》2014 年第 2 期。

[46] 叶素云、叶振宇：《FDI 对我国地区能源消费强度影响的经验研究》，载于《国际贸易问题》2010 年第 9 期。

[47] 张成、陆旸、郭路、于同申：《环境规制强度和生产技术进步》，载于《经济研究》2011 年第 2 期。

[48] 张成、于同申、郭路：《环境管制影响了中国工业的生产率吗：基于 DEA 与协整分析的实证检验》，载于《经济理论与经济管理》2010 年第 3 期。

[49] 张红凤：《制约、双赢到不确定性：环境管制与企业竞争力相关性研究的演进与借鉴》，载于《财经研究》2008 年第 7 期。

[50] 张杰、李勇、刘志彪：《出口与中国本土企业生产率：基于江苏制造业企业的实证分析》，载于《管理世界》2008 年第 11 期。

[51] 张嫚：《环境管制对企业竞争力的影响》，载于《中国人口·资源与环境》2004 年第 4 期。

[52] 张三峰、卜茂亮：《环境规制、环保投入与中国企业生产率——基于中国企业问卷数据的实证研究》，载于《南开经济研究》2011 年第 2 期。

[53] 张三峰、曹杰、杨德才：《环境规制对企业生产率有好处吗？——来自企业层面数据的证据》，载于《产业经济研究》2011 年第 5 期。

[54] 张三峰、杨德才：《供应链社会责任管理与异质性企业社会责任

行为：基于中国企业数据的实证研究》，载于《中国发展》2013年第5期。

［55］张艳东、赵涛：《能源强度、工业化与经济梯度的交互冲击响应研究》，载于《软科学》2014年第9期。

［56］张友国：《中国贸易增长的能源环境代价》，载于《数量经济技术经济研究》2009年第1期。

［57］赵曙明：《企业社会责任的要素、模式与战略最新研究述评》，载于《外国经济与管理》2009年第1期。

［58］郑思齐、万广华、孙伟增等：《公众诉求与城市环境治理》，载于《管理世界》2013年第6期。

［59］中科院可持续发展战略研究组：《中国可持续发展战略报告：全球视野下的中国可持续发展》，科学出版社2012年版。

［60］周延风、罗文恩、肖文建：《企业社会责任行为与消费者响应：消费者个人特征与价格信号的调节》，载于《中国工业经济》2007年第3期。

［61］Acaravci A., Ozturk I., "On the Relationship between Energy Consumption, CO_2 Emissions and Economic Growth in Europe", *Energy*, 2010, 35 (12): 5412-5420.

［62］Akbostanci, E., G. I. Tunc and S. Turut-Asik, "Pollution Haven Hypothesis and the Role of Dirty Industries in Turkey's Exports", *Environment and Development Economics*, 2007, 12: 297-322.

［63］Albornoz, F., M. A. Cole, Elliott, R. and Ercolani, M., "In Search of Environmental Spillovers", *World Economy*, 2009, 32 (1): 136-163.

［64］Alpay, E., Buccola, S., and Kerkvliet, "Productivity Growth and Environmental Regulation in Mexican and U. S. Food Manufacturing", *American Journal of Agricultural Economics*, 2002, 84 (4): 887-901.

［65］Ambec Stefan and Philippe Barla, "A Theoretical Foundation of the Porter Hypothesis", *Economics Letters*, 2002, 75 (3): 355-360.

［66］Ambec, S., M. A. Cohen, et al., "The Porter Hypothesis at 20: Can Environmental Regulation Enhance Innovation and Competitiveness?", *Review of Environmental Economics and Policy*, 2013, 7 (1): 2-22.

[67] Andonova, L. B., "Openness and the Environment in Central and Eastern Europe: Cantrade and Foreign Investment Stimulate better Environmental Management in Enterprises?", *Journal of Environmentand Development*, 2003, 12 (2): 177 –204.

[68] Antweiler, W., B. R. Copeland, et al., "Is Free Trade Good for the Environment?", *American Economic Review*, 2001, 91 (4): 877 –908.

[69] Arik, L., "Environmental Regulations and Manufacturers' Location Choices: Evidence from the Census of Manufactures", *Journal of Public Economics*, 1996, 62: 5 –29.

[70] Bagwell, K. and Staiger, R. W., "The WTO as Mechanism for Securing Market Access Property Rights: Implication for Global Labor and Environmental Issues", *Journal of Economic Perspectives*, 2001, 15: 69 –88.

[71] Balassa, B., "Trade Liberalization and 'Revealed' Comparative Advantage", *The Manchester School of Economic and Social Studies*, 1996, 33.

[72] Bansal, P. and Kendall R., "Why Companies Go Green: A Model of Ecological Responsiveness", *Academy of Management Journal*, 2000, 43 (4): 717 –736.

[73] Barbera, A. J., and McConnell, V. D., "The Impact of Environmental Regulations on Industry Productivity: Direct and Indirect Effects", *Journal of Environmental Economics and Management*, 1990, (18): 50 –65.

[74] Batrakova, S., "Flip Side of the Pollution Haven: Do Export Destinations Matter?" (No. 11/01), Working Paper Series, UCD Centre for Economic Research.

[75] Batrakova, S. and R. Davies, "Is there an Environmental Benefit to Being an Exporter? Evidence from Firm –level Data", *Review of World Economics*, 2012, 148 (3): 449 –474.

[76] Ben Kheder, S. and N. Zugravu, "Environmental Regulation and French Firms Location Abroad: An Economic Geography Model in an International Comparative Study", *Ecological Economics*, 2012, 77 (0): 48 –61.

[77] Berman, E., Linda T. M. Bui, "Environmental Regulation and Productivity: Evidence from Oil Refineries", *The Review of Economics and Sta-*

tistics, 2001, 83 (3): 498 – 510.

[78] Blackman A., Guerrero S., "What Drives Voluntary Eco – certification in Mexico", *Journal of Comparative Economics*, 2012, 40 (2): 256 – 268.

[79] Blalock G., Gertler P. J., "Welfare Gains from Foreign Direct Investment through Technology Transfer to Local Suppliers", *Journal of International Economics*, 2008, 74 (2): 402 – 421.

[80] Blomström M., Kokko A., Zejan M., *Multinational Corporations and Spillovers: Foreign Direct Investment*, Palgrave Macmillan UK, 2000: 247 – 277.

[81] Brännlund, R., "Productivity and Environmental Regulations: A Long – run Analysis of the Swedish Industry", Working Paper, 2008.

[82] Brunel, C., Levinson, A., "Measuring Environmental Regulatory Stringency", OECD Trade and Environment Working Papers, 2013, (5): 0 – 1.

[83] Brunnermeier, S. B., "Examining the Evidence on Environmental Regulations and Industry Location", *Journal of Environment & Development*, 2004, 13 (1): 6 – 41.

[84] Bu M., Luo H., *Globalization and Energy Consumption in the Yangtze River Delta: Energy Security and Sustainable Economic Growth in China*. Palgrave Macmillan UK, 2014.

[85] Bu, M., Wagner, M., "Racing to the Bottom and Racing to the Top: The Crucial Role of Firm Characteristics in Foreign Direct Investment Choices", *Journal of International Business Studies*, 2016, (9): 1032 – 1057.

[86] Bu, M., Yang, B., *Globalization and the Environment of China* (Volume 14 of Book Series: Frontiers of Economics and Globalization), Emerald Group Publishing Limited.

[87] Bu, Maoliang, Zhibiao Liu and Yanyan Gao, "Influence of International Openness on Corporate Environmental Performance in China", *China & World Economy*, 2011, 19 (2): 77 – 92.

[88] Bu, Maoliang, Zhibiao Liu, Marcus Wagner and Xiaohua Yu, "Corporate Social Responsibility and the Pollution Haven Hypothesis: Evidence

from Multinationals' Investment Decision in China", *Asia – Pacific Journal of Accounting & Economics*, 2013, 20 (1): 85 –99.

[89] Bugamelli, M., *Il Modello di Specializzazione Internazionale dell'Area Dell'euro e dei Principali Paesi Europei: Omogeneità e Convergenza.* Temi di Discussione 402, Rome: Banca d'Italia, 2001.

[90] Busse, M., "Trade, Environmental Regulations, and the World Trade Organization: New Empirical Evidence", *Social Science Electronic Publishing*, 2004, (2): 87 –91.

[91] Buysse K., Verbeke A., "Proactive Environmental Strategies: A Stakeholder Management Perspective", *Strategic Management Journal*, 2003, 24 (5): 453 –470.

[92] C. R. Carter, M. M. Jennings, "Social Responsibility and Supply Chain Relationship", *Transportation Research*, 2002, 38 (1): 37 –52.

[93] Changyuan L. "FDI, Domestic Capital and Economic Growth: Evidence from Panel Data at China's Provincial Level", *Frontiers of Economics in China*, 2007, 2 (1): 92 –113.

[94] Chao, C. C. and E. Yu, *Environmental Policy, International Trade, and Factor Markets*, Elsevier, Netherlands, 2005.

[95] Chen, Q., Min, M., Shi, Y., and Wilson, C., "Foreign Direct Investment Concessions and Environmental Levies in China", *International Review of Financial Analysis*, 2014, (36): 241 –250.

[96] Christmann P., Taylor G., "Globalization and the Environment: Determinants of Firm Self – regulation in China", *Journal of International Business Studies*, 2001, 32 (3): 439 –458.

[97] Chung S., "Environmental Regulation and Foreign Direct Investment: Evidence from South Korea", *Journal of Development Economics*, 2014, 108: 222 –236.

[98] Clarkson, P. M., Y. Li, G. D. Richardson, and F. P. Vasvari., "Revisiting the Relation between Environmental Performance and Environmental Disclosure: An Empirical Analysis", *Accounting, Organizations and Society*, 2008, 33: 303 –327.

[99] Coglianese, C. , & Nash, J. , *Regulating from the Inside: Can Environmental Management Systems Achieve Policy Goals?*, RFF Press, 2001.

[100] Cohen W. M. , Levinthal D. A. , "Innovation and Learning: the two Faces of R&D", *The Economic Journal*, 1989, 99 (397): 569 -596.

[101] Cole M. A. , Elliott R. J. R. , Strobl E. , "The Environmental Performance of Firms: The Role of Foreign Ownership, Training, and Experience", *Ecological Economics*, 2008, 65 (3): 538 -546.

[102] Cole, M. A. , "Does Trade Liberalization Increase National Energy Use?", *Economics Letters*, 2006, 92 (1): 108 -112.

[103] Cole, M. A. and R. J. R. Elliott, "Determining the Trade - environment Composition Effect: The Role of Capital, Labor and Environmental Regulations", *Journal of Environmental Economics and Management*, 2003, 46 (3): 363 -383.

[104] Cole, M. A. , R. J. R. Elliott, et al. "Environmental Outsourcing", Research Institute for Economics & Business Administration, Kobe University Discussion Paper Series, 2011, DP2011 -12.

[105] Copeland, B. and M. Taylor, *Trade and the Environment: Theory and Evidence*, Princeton University Press, 2003.

[106] Copeland, B. R. and M. S. Taylor, "North - South Trade and the Environment," *Quarterly Journal of Economics*, 1994, 109 (3): 754 -787.

[107] Copeland, B. R. and S. Taylor. "Trade, Growth, and the Environment", *Journal of Economic Literature*, 2004, 42 (1): 7 -71.

[108] Coughlin, C. C. and E. Segev, "Location Determinants of New Foreign - owned Manufacturing Plants", *Journal of Regional Science*, 2000, 40 (2): 323 -351.

[109] Dasgupta S. , Hettige H. , Wheeler D. , "What Improves Environmental Performance? Evidence from Mexican Industry", *Journal of Environmental Economics and Management*, 2000, 39 (1): 39 -66.

[110] Dasgupta S. , Mody A. , Roy S. , et al. , "Environmental Regulation and Development: A Cross - country Empirical Analysis", *Oxford development studies*, 2001, 29 (2): 173 -187.

[111] Dasgupta S., Wheeler D., "Citizen Complaints as Environmental Indicators: Evidence from China", World Bank Policy Research Working Paper, 1997, No. 1704.

[112] Dasgupta, S., et al., "Bending the Rules: Discretionary Pollution Control in China", World Bank Policy Research Working Paper, 1997, No. 1761.

[113] Dasgupta, S., Mody, A., Roy, S., Wheeler, D. "Environmental Regulation and Development: A Cross - country Empirical Analysis", *Oxford Development Studies*, 2001, 29 (2): 173 - 187.

[114] Dean J. M., Lovely M. E., "Trade Growth, Production Fragmentation, and China's Environment", NBER Working Paper, 2008, No. 13860.

[115] Dean, J. M., M. E. Lovely, and H. Wang, "Are Foreign Investors Attracted to Weak Environmental Regulations? Evaluating the Evidence from China", *Journal of Development Economics*, 2009, 90: 1 - 13.

[116] Di, W. H., "Pollution Abatement Cost Savings and FDI Inflows to Polluting Sectors in China", *Environment and Development Economics*, 2007, 12: 775 - 798.

[117] Dimaggio, Paul and Walter Powell, "The Iron Cage Revisited: Institutional Isomorphism and Collective Rationality in Organizational Fields", *American Sociological Review*, 1983, 48 (2): 147 - 160.

[118] Dinda, S., "Environmental Kuznets Curve Hypothesis: a Survey", *Ecological economics*, 2004, 49 (4): 431 - 455.

[119] Du, Huibin, Jianghong Guo, Guozhu Mao, Alexander M. Smith, Xuxu Wang, and Yuan Wang, "CO_2 Emissions Embodied in China - US Trade: Input - output Analysis Based on the Emergy/Dollar Ratio", *Energy Policy*, 2011, 39 (10): 5980 - 5987.

[120] Ederington, J., Minier, J., "Is Environmental Policy a Secondary Trade Barrier? An Empirical Analysis", *Canadian Journal of Economics/Revue canadienne d'économique*, 2003 (1): 137 - 154.

[121] Efron, B., "1977 Rietz Lecture - Bootstrap Methods - Another Look at the Jackknife", *Annals of Statistics*, 1979, 7 (1): 1 - 26.

[122] Ehrgott, Matthias et al., "Social Sustainability in Selecting Emerging Economy Suppliers", *Journal of Business Ethics*, 2010 (98): 99 – 119.

[123] Elliott R. J. R., Sun P., Chen S., "Energy Intensity and Foreign Direct Investment: A Chinese City – Level Study", *Energy Economics*, 2013, 40: 484 – 494.

[124] Eskeland G. S., Harrison A. E., "Moving to Greener Pastures? Multinationals and the Pollution Haven Hypothesis", *Journal of Development Economics*, 2003, 70 (1): 1 – 23.

[125] Fang, M., Chan C. K., Yao, X., "Managing Air Quality in a Rapidly Developing Nation: China", Atmospheric Environment, 2009, 43 (1): 79 – 86.

[126] Findlay R., "Relative Backwardness, Direct Foreign Investment, and the Transfer of Technology: A Simple Dynamic Model", *The Quarterly Journal of Economics*, 1978, 92 (1): 1 – 16.

[127] Fisher – Vanden K., Jefferson G. H., Liu H., et al., "What is Driving China's Decline in Energy Intensity?", *Resource and Energy Economics*, 2004, 26 (1): 77 – 97.

[128] Friedman, J., *China's Urban Transition*, Minneapolis: Univ. of Minnesota Press, 2005.

[129] Fu X., "Foreign Direct Investment, Absorptive Capacity and Regional Innovation Capabilities: Evidence from China", *Oxford Development Studies*, 2008, 36 (1): 89 – 110.

[130] Glaeser, L. et al., "The Social Multiplier", *Journal of the European Economic Association*, 2003, 1 (2 – 3): 345 – 353.

[131] Gorg H, Strobl E., "Multinational Companies and Productivity Spillovers: A Meta – analysis", *The Economic Journal*, 2001, 111 (475): 723 – 739.

[132] Gottmann, J. Megapolis, *The Urbanized Northeastern Seaboard of the United States*, Boston, MA: MIT Press, 1961.

[133] Gray, W. B., "The Cost of Regulation: OSHA, EPA and the Productivity Slowdown", *American Economic Review*, 1987, (77): 998 – 1006.

[134] Gray, W. B., Shadbegian. R. J., "Pollution Abatement Cost, Regulation and Plant Level Productivity", Working Paper, 1995.

[135] Greene, W. H. Econometric Analysis. 6th ed. (Chapter 23) Upper Saddle River, NJ: Prentice - Hall, 2008.

[136] Greenstone, M., List, J. A., Syverson, C., "The Effects of Environmental Regulation on the Competitiveness of US Manufacturing", National Bureau of Economic Research, 2012.

[137] Griffith R., Redding S., Van Reenen J., "R&D and Absorptive Capacity: Theory and Empirical Evidence", *The Scandinavian Journal of Economics*, 2003, 105 (1): 99 - 118.

[138] Grossman G. M., Krueger A. B., "Economic Growth and the Environment", *The Quarterly Journal of Economics*, 1995, 110 (2): 353 - 377.

[139] Grossman G. M., Krueger A. B., *Environmental Impacts of a North American free Trade Agreement*, The US Mexico Free Trade Agreement, Cambridge Press, MIT, 1993.

[140] Guler I., Guillé N. M. F., Macpherson J. M., "Global Competition, Institutions, and the Diffusion of Organizational Practices: The International Spread of ISO 9000 Quality Certificates", *Administrative Science Quarterly*, 2002, 47 (2): 207 - 232.

[141] Guler, I., Guillén, M. F., & Macpherson, J. M., "Global Competition, Institutions, and the Diffusion of Organizational Practices: The International Spread of ISO 9000 Quality Certificates", *Administrative Science Quarterly*, 2002, 47 (2): 207 - 232.

[142] Hale, G. and Long, C., "Are There Productivity Spillovers from Foreign Direct Investment in China?", *Pacific Economic Review*, 2011, 16: 135 - 153.

[143] Hall, P., "Yangtze Paradigm", *City Planning Review*, 2002, 26 (1): 6 - 17 (Chinese).

[144] Hamamoto, M., "Environmental Regulation and the Productivity of Japanese Manufacturing Industries", *Resource and Energy Economics*, 2006, (28): 299 - 312.

[145] Hausman, J. and D. McFadden, "Specification Tests for the Multinomial Logit Model", *Econometrica*, 1984, 52 (5): 1219 - 1240.

[146] He J., "Pollution Haven Hypothesis and Environmental Impacts of Foreign Direct Investment: the Case of Industrial Emission of Sulfur Dioxide (SO_2) in Chinese Provinces", *Ecological economics*, 2006, 60 (1): 228 - 245.

[147] Herrerias M. J., Cuadros A., Orts V., "Energy Intensity and Investment Ownership Across Chinese Provinces", *Energy Economics*, 2013, 36: 286 - 298.

[148] Herrerias, M. J., A. Cuadros, and V., "Orts Energy intensity and investment ownership across Chinese provinces", *Energy Economics*, forthcoming, 2012.

[149] Hettige H., Huq M., Pargal S., et al., "Determinants of Pollution Abatement in Developing Countries: Evidence from South and Southeast Asia", *World Development*, 1996, 24 (12): 1891 - 1904.

[150] Heyes A., Kapur S., "Community Pressure for Green Behavior", *Journal of Environmental Economics and Management*, 2012, 64 (3): 427 - 441.

[151] Hübler M., Keller A., "Energy Savings Via FDI? Empirical Evidence from Developing Countries", *Environment and Development Economics*, 2010, 15 (1): 59 - 80.

[152] Hübler, M., "Energy Savings via FDI? Empirical Evidence from Developing Countries", *Environment and Development Economics*, 2010, 15 (1): 59.

[153] Inmaculada Martínez - Zarzoso, and Antonello Maruotti, "The Impact of Urbanization on CO_2 Emissions: Evidence from Developing Countries", *Ecological Economics*, 2011, 70: 1344 - 1353.

[154] Jaffe, A. B., Peterson, S. R., Portney, P. R., and Stavins, R. N., "Environmental Regulation and the [25] Competitiveness of U. S. Manufacturing: What Does the Evidence Tell Us", *Journal of Economics Literature*, 1995, (33): 132 - 163.

[155] Javorcik, B. S. and S. J. Wei, "Pollution Havens and Foreign Direct Investment: Dirty Secret or Popular Myth?", *Contributions to Economic Analysis & Policy*, 2005, 3 (2).

[156] Jeppesen, T., and H. Folmer, "The Confusing Relationship between Environmental Policy and Location Behaviour of Firms: A Methodological Review of Selected Case Studies", *The Annals of Regional Science*, 2001, 35: 523–546.

[157] Jiang X., Zhu K., Green C., "China's Energy Saving Potential from the Perspective of Energy Efficiency Advantages of Foreign – Invested Enterprises", *Energy Economics*, 2015, 49: 104–112.

[158] Kahn M. E., Kotchen M. J., "Business Cycle Effects on Concern about Climate Change: the Chilling Effect of Recession", *Climate Change Economics*, 2011, 2 (3): 257–273.

[159] Khanna M., Speir C., "Motivations for Proactive Environmental Management", *Sustainability*, 2013, 5 (6): 2664–2692.

[160] Kinoshita Y., "R&D and Technology Spillovers via FDI: Innovation and Absorptive Capacity", *Ssrn Electronic Journal*, 2001 (349).

[161] Kirkpatrick, C., and K. Shimamoto, "The Effect of Environmental Regulation on the Locational Choice of Japanese Foreign Direct Investment", *Applied Economics*, 2008, 40, 1399–1409.

[162] Klaus Conrad, "Taxes and Subsidies for Pollution – Intensive Industries as Trade Policy", *Journal of Environmental Economics and Management*, 1993, 25: 121–135.

[163] Kokko A., "Technology, Market Characteristics, and Spillovers", *Journal of Development Economics*, 1994, 43 (2): 279–293.

[164] Kolk, A. "The Social Responsibility of International Business: From Ethics and the Environment to CSR and Sustainable Development", *Journal of World Business*, 2016 (1): 23–34.

[165] Kwong Wing Chau, Siu Kei Wong and Chung Yim Yiu, "Improving the Environment with an Initial Government Subsidy", *Habitat International*, 2005, 29: 559–569.

[166] Lafay, J., "The Measurement of Revealed Comparative Advantage", In M. G. Dagenais and P. A. Muet (eds), *International Trade Modelling*, London: Chapman & Hall, 1992.

[167] Lan J., Kakinaka M., Huang X., "Foreign Direct Investment, Human Capital and Environmental Pollution in China", *Environmental and Resource Economics*, 2012, 51 (2): 255 – 275.

[168] Lanoie, P., M. Patry and R. Lajeunesse., "Environmental Regulation and Productivity: Testing the Porter Hypothesis", *Journal of Productivity Analysis*, 2008, (30): 121 – 128.

[169] Levinson, A., "Technology, International Trade, and Pollution from US Manufacturing", *American Economic Review*, 2009, 99 (5): 2177 – 2192.

[170] Levinson, A., "Environmental Regulations and Manufactures' Location Choices: Evidence from the Census of Manufactures", *Journal of Public Economics*, 1996, (62): 5 – 29.

[171] Liang, Q., "Multinational Oversea Investment and Industrial Aggregation", *ShijieJingji* (*in Chinese*), 2003, 9: 29 – 37.

[172] Lin B., Long H., "Emissions Reduction in China's Chemical Industry – Based on LMDI", *Renewable and Sustainable Energy Reviews*, 2016, 53: 1348 – 1355.

[173] Lin L., "Enforcement of pollution levies in China", *Journal of Public Economics*, 2013, 98 (2): 32 – 43.

[174] Lin, L., Sun, W., "Location Choice of FDI Firms and Environmental Regulation Reforms in China", *Journal of Regulatory Economics*, 2016, (2): 207 – 232.

[175] List J. A., Co C. Y., "The Effects of Environmental Regulations on Foreign Direct Investment", *Journal of Environmental Economics and Management*, 2000, 40 (1): 1 – 20.

[176] Liu, Xianbing, Masanobu Ishikawa, Can Wang, Yanli Dong, and Wenling Liu. "Analyses of CO_2 emissions Embodied in Japan – China trade", *Energy Policy*, 2010, 38 (3): 1510 – 1518.

［177］ Liu, Z., and J. Zheng, *Growth of the Service Sector in the Yangtze River Delta*, Hongkong: Enrich Professional Publishing, 2011.

［178］ Liu, Z., and J. Zheng. *Conflict and Harmony: Development in the Yangtze River Delta*, Hongkong: Enrich Professional Publishing, 2012.

［179］ Ljungwall C., Linde - Rahr M., "Environmental Policy and the Location of Foreign Direct Investment in China", *East Asian Bureau of Economic Research*, 2005, No. 22020.

［180］ Lo, F., and P. Marcotullio, eds., *Globalization and the Sustainability of Cities in the AsianPacific Region*, New York: United Nations Univ. Press, 2001.

［181］ Manderson, E. and R. Kneller., "Environmental Regulations, Outward FDI and Heterogeneous Firms: Are Countries Used as Pollution Havens?" *Environmental and Resource Economics*, 2011, 51 (3): 317 - 352.

［182］ Markusen, J. R., Morey, E. R., Olewiler, N. D., "Environmental Policy when Market Structure and Plant Locations Are Endogenous", *Journal of Environmental Economics & Management*, 1993, (1): 69 - 86.

［183］ Martens S., "Public Participation with Chinese Characteristics: Citizen Consumers in China's Environmental Management", *Environmental Politics*, 2006, 15 (2): 211 - 230.

［184］ McFadden D., "Conditional Logit Analysis of Qualitative Choice Behavior", In Zarembka P. (eds), *Frontiers in Econometrics*, Academic, New York, 1974, 105 - 142.

［185］ Mielnik O., Goldemberg J., "Foreign Direct Investment and Decoupling between Energy and Gross Domestic Product in Developing Countries", *Energy policy*, 2002, 30 (2): 87 - 89.

［186］ Mulatu, A., Florax, R. J., Withagen, C. A., *Environmental Regulation and Competitiveness: A Meta Analysis of International Trade Studies*. Tinbergen Institute Discussion Paper, 2001.

［187］ Murty, M. N., Kumar S., "Win - win Opportunities and Environmental Regulation: Testing of Porter Hypothesis for Indian Manufacturing Industries", *Journal of Environmental Management*, 2003, 67 (2): 139 - 144.

[188] Naughton, B. , *The Chinese Economy: Transitions and Growth*, Cambridge, MA: The MIT Press, 2007.

[189] Nishitani K. , " An Empirical Study of the Initial Adoption of ISO14001 in Japanese Manufacturing Firms", *Ecological Economics*, 2009, 68 (3): 669 – 679.

[190] Pavelin, S. , Porter, L. A. , "Race – to – the – bottom or – top at Home or Abroad: Health and Safety Standards and the Multinational Firm", *Economic and Social Review*, 2011, (3): 289 – 311.

[191] Pigou, A. C. , *The Economics of Welfare*, London: Macmillan, 1948.

[192] Porter, M. E. and C. van der Linde. , "Towards a New Conception of the Environment: Competitiveness Relationship", *Journal of Economic Perspectives*, 1995, 9 (4): 97 – 118.

[193] Prakash A. , Potoski M. , "Racing to the Bottom? Trade, Environmental Governance, and ISO 14001", *American Journal of Political Science*, 2006, 50 (2): 350 – 364.

[194] Prakash, A. , & Potoski, M. , "Racing to the Bottom? Trade, Environmental Governance, and ISO 14001", *American Journal of Political Science*, 2006, 50 (2), 350 – 364.

[195] Qi, G. Y. , Zeng, S. X. , Tam, C. M. , Yin, H. T. , Wu, J. F. , & Dai, Z. H. , "Diffusion of ISO 14001 Environmental Management Systems in China: Rethinking on Stakeholders' Roles", *Journal of Cleaner Production*, 2011, 19 (11), 1250 – 1256.

[196] Aichele, R. and G. Felbermayr. , "Estimating the Effects of Kyoto on Bilateral Trade Flows Using Matching Econometrics", *The World Economy*, 2013, 36 (3): 303 – 330.

[197] Quiroga, Miguel, Thomas Sterner and Martin Persson. , " Have Countries with Lax Environmental Regulations a Comparative Advantage in Polluting Industries?" *Resources For the Future Discussion Papers Series*, 2007, dp – 07 – 08.

[198] R. Van Tulder, et al. , "From Chain Liability to Chain Responsi-

bility: MNE Approaches to Implement Safety and Health Codes in International Supply Chains", *Journal of Business Ethics*, 2008, 85 (2): 399 -412.

[199] R. F. Poist., "Evolution of Conceptual Approaches to the Design of Logistical Systems: A Sequel", *Transportation Journal*, 1989 (29): 35 -39.

[200] Report on the State of the Environment in China, China State Environmental Protection Administration, Beijing, 2007.

[201] Rondinelli, D. A. and M. A. Berry, "Environmental Citizenship in Multinational Corporations: Social Responsibility and Sustainable Development", *European Management Journal*, 2000, 18 (1): 70 -84.

[202] Saggi K., "Trade, Foreign Direct Investment, and International Technology Transfer: A Survey", *The World Bank Research Observer*, 2002, 17 (2): 191 -235.

[203] Samuelson, P. A., "Diagrammatic Exposition of a Theory of Public Expenditure", *Review of Economics and Statistics*, 1955, 36: 350 -356.

[204] Samuelson, P. A., "Aspects of Public Expenditure Theories", *Review of Economics and Statistics*, 1958, 39: 332 -338.

[205] Sangeeta Bansal, and Shubhashis Gangopadhyay, "Tax/subsidy policies in the presence of environmentally aware consumers", *Journal of Environmental Economics and Management*, 2003, 45: 333 -355

[206] Sanna - Randaccio, F., 2012, "Foreign Direct Investment, Multinational Entreprises and Climate Change". FEEM (FondazioneEni Enrico Mattei), Review of Environment, Energy and Economics (Re3), January 2012. Available at SSRN: http: //ssrn. com/abstract =2028887.

[207] Shatz, Howard J. and Venables, Anthony J., "The Geography of International Investment", World Bank Policy Research Working Paper, 2000, No. 2338.

[208] Shen, J., "Trade Liberalization and Environmental Degradation in China", *Applied Economics*, 2008, 40 (8): 997 -1004.

[209] Shimshack, Jay, "Monitoring, Enforcement, & Environmental Compliance: Understanding Specific & General Deterrence". State - of - Science White Paper, October 2007.

[210] Sinton, J. E. , Smith, K. R. , Peabody, J. W. , Liu, Y. , Zhang X. , Edwards, R. , Quan, G. , "An Assessment of Programs to Promote Improved Household Stoves in China Energy for Sustainable Development", 2004, 8: 33 –52.

[211] Small, K. A. and C. Hsiao, "Multinomial Logit Specification Tests", *International Economic Review*, 1985, 26 (3): 619 –627.

[212] Spencer J. W. , "The Impact of Multinational Enterprise Strategy on Indigenous Enterprises: Horizontal Spillovers and Crowding out in Developing Countries", *Academy of Management Review*, 2008, 33 (2): 341 –361.

[213] Staiger, D. , and J. H. Stock. , "Instrumental Variables Regression with Weak Instruments", *Econometrica*, 1997, (65): 557 –586.

[214] Stalley P. , "Can Trade Green China? Participation in the Global Economy and the Environmental Performance of Chinese Firms", *Journal of Contemporary China*, 2009, 18 (61): 567 –590.

[215] Stalley, P. , "Can Trade Green China? Participation in the Global Economy and the Environmental Performance of Chinese Firms", *Journal of Contemporary China*, 2009, 18 (61): 567 –590.

[216] Stock, J. H. , J. H. Wright, and M. Yogo, "A Survey of Weak Instruments and Weak Identification in Generalized Method of Moments", *Journal of Business and Economic Statistics*, 2002, (20): 518 –529.

[217] Strang, David and John W. Meyer, "Institutional Conditions for Diffusion", *Theory and Society*, 1993, 22 (4): 487 –511.

[218] Tambunlertchai K. , Kontoleon A. , Khanna M. , "Assessing Participation in Voluntary Environmental Programmes in the Developing World: the Role of FDI and Export Orientation on ISO14001 Adoption in Thailand", *Applied Economics*, 2013, 45 (15): 2039 –2048.

[219] Tang J. , "Testing the Pollution Haven Effect: Does the Type of FDI Matter?", *Environmental and Resource Economics*, 2015, 60 (4): 549 – 578.

[220] Taylor M. S. , Copeland B. A. , "North – South Trade and the Environment", *Quarterly Journal of Economics*, 1994, 109 (3): 755 –787.

[221] Taylor, M. S., "Unbundling the Pollution Haven Hypothesis", *BE Journal of Economic Analysis & Policy*, 2006, 4 (2), article 8.

[222] Taylor, M. S., & Copeland, B. A., "North – South Trade and the Environment", *Quarterly Journal of Economics*, 1994, 109 (3): 755 – 787.

[223] Telle, K., and Larsson, J., "Do Environmental Regulations Hamper Productivity Growth? How Accounting for Improvements of Plants' Environmental Performance can Change the Conclusion", *Ecological Economics*, 2007, (61): 438 – 445.

[224] Tian X. and X. Yu., "The Enigmas of TFP in China: A Meta – Analysis", *China Economic Review*, 2012, 23 (2): 396 – 14.

[225] Vogel, David, *Trading Up*, Cambridge: Harvard University Press, 1995.

[226] Wagner U. J., Timmins C. D., "Agglomeration Effects in Foreign Direct Investment and the Pollution Haven Hypothesis", *Environmental and Resource Economics*, 2009, 43 (2): 231 – 256.

[227] Wagner, M., "The Porter Hypothesis Revisited: A Literature Review of Theoretical Models and Empirical Tests", Econ WPA, 2004.

[228] Wagner, M., "A Comparative Analysis of Theoretical Reasoning and Empirical Studies on the Porter Hypothesis and the Role of Innovation", Zeitschrift für Umweltrecht und Umweltpolitik (*Journal for Environmental Law and Environmental Policy*), 2006, 3: 349 – 368.

[229] Wagner, M., "Sustainability – Related Innovation and Competitiveness – Enhancing Regulation: A Qualitative and Quantitative Analysis in the Context of Open Innovation", *International Journal of Innovation and Sustainable Development*, 2011, 5 (4): 371 – 388.

[230] Wang J. Y., Blomström M., "Foreign Investment and Technology Transfer: A Simple Model", *European Economic Review*, 1992, 36 (1): 137 – 155.

[231] Wang, K. C. A., Lin, C. H. A. and Chiou, J. R., "Tariff Jumping Foreign Direct Investment Decision in a Quality – Differentiated Market",

2011.

[232] Wei, S. J. and Y. Wu, "Globalization and Inequality: Evidence from Within China". NBER Working Paper, 2001, No. 8611.

[233] Wooldridge, J. M., *Introductory econometrics: A Modern Approach*, Cengage Learning, 2012.

[234] Wu, H., Guo, H., Zhang, B., Bu, M., "Westward Movement of New Polluting Firms in China: Pollution Reduction Mandates and Location Choice", *Journal of Comparative Economics*, 2017 (1): 119 – 138.

[235] Wu, Y. and J. Zhu, "Corruption, Anti – corruption, and Inter – county Income Disparity in China", *The Social Science Journal*, 2011, 48 (3): 435 – 448.

[236] Xing, Y., and C. D. Kolstad, "Do Lax Environmental Regulations Attract Foreign Investment?" *Environmental and Resource Economics*, 2002, 21: 1 – 22.

[237] Xu X., "International Trade and Environmental Policy: How Effective is 'Eco – dumping'", *Economic Modelling*, 2000a, 17 (1): 71 – 90.

[238] Xu X., "International Trade and Environmental Regulation: Time Series Evidence and Cross Section Test", *Environmental and Resource Economics*, 2000b, (3): 233 – 257.

[239] Young, Alasdair R., "Political Transfer and 'Trading Up' – Transatlantic Trade in Genetically Modified Food and US Politics", *World Politics*, 2003, 55 (4): 457 – 484.

[240] Yu X. and D. Abler, "Incorporating Zero and Missing Responses into CVM with Open – Ended Bidding: Willingness to Pay for Blue Skies in Beijing", *Environment and Development Economics*, 2010, 15: 535 – 556.

[241] Zhang B., Bi J. et al., "Why Do Firms Engage in Environmental Management? An Empirical Study in China", *Journal of Cleaner Production*, 2008, 16 (10): 1036 – 1045.

[242] Zhang, J., and X. L. Fu., "FDI and Environmental Regulations in China", *Journal of the Asia Pacific Economy*, 2008, 13: 332 – 353.

[243] Zhang, T. W., "From Intercity Competition to Collaborative Plan-

ning – The Case of the Yangtze River Delta Region of China", *Urban Affairs Review*, 2006, 42 (1): 26 – 56.

[244] Zhang, Y., Li, H., Li, Y., Zhou, L., "FDI Spillovers in an Emerging Market: the Role of Foreign Firms' Country Origin Diversity and Domestic Firms' Absorptive Capacity", *Strategic Management Journal*, 2010, 31 (9): 969 – 989.

图书在版编目（CIP）数据

对外开放与中国环境可持续发展／卜茂亮等著．—北京：经济科学出版社，2018.9

ISBN 978－7－5141－9768－6

Ⅰ.①对…　Ⅱ.①卜…　Ⅲ.①对外开放－关系－环境保护－可持续性发展－研究－中国　Ⅳ.①F125②X－12

中国版本图书馆 CIP 数据核字（2018）第 218468 号

责任编辑：齐伟娜　初少磊
责任校对：杨　海
责任印制：李　鹏

对外开放与中国环境可持续发展

卜茂亮　张三峰　等著
经济科学出版社出版、发行　新华书店经销
社址：北京市海淀区阜成路甲 28 号　邮编：100142
总编部电话：88191217　发行部电话：88191540
网址：www.esp.com.cn
电子邮件：esp@esp.com.cn
天猫网店：经济科学出版社旗舰店
网址：http://jjkxcbs.tmall.com
北京季蜂印刷有限公司印装
710×1000　16 开　11 印张　170000 字
2018 年 11 月第 1 版　2018 年 11 月第 1 次印刷
ISBN 978－7－5141－9768－6　定价：48.00 元
（图书出现印装问题，本社负责调换。电话：010－88191510）